Chinese Economists 50 Forum
中国经济 50 人论坛丛书

走进中国经济 50 人论坛
握手中国最有影响力的群体经济学家

中国经济50人论坛丛书
Chinese Economists 50 Forum

中国经济如何行稳致远

蔡昉 主编

中信出版集团 | 北京

图书在版编目（CIP）数据

中国经济如何行稳致远 / 蔡昉主编 . -- 北京 : 中信出版社 , 2019.8

（中国经济 50 人论坛丛书）

ISBN 978-7-5217-0795-3

Ⅰ . ①中⋯ Ⅱ . ①蔡⋯ Ⅲ . ①中国经济－经济发展－研究 Ⅳ . ① F124

中国版本图书馆 CIP 数据核字 (2019) 第 143070 号

中国经济如何行稳致远

主　　编：蔡　昉
出版发行：中信出版集团股份有限公司
（北京市朝阳区惠新东街甲 4 号富盛大厦 2 座　邮编　100029）
承 印 者：北京通州皇家印刷厂

开　　本：880mm × 1230mm　1/16　　印　　张：16　　字　　数：180 千字
版　　次：2019 年 8 月第 1 版　　印　　次：2019 年 8 月第 1 次印刷
广告经营许可证：京朝工商广字第 8087 号
书　　号：ISBN 978-7-5217-0795-3
定　　价：56.00 元

编委会名单

序言

2018年7月31日，中共中央政治局召开会议，分析和研究了当前经济形势，部署下半年经济工作，首次提出要做好稳就业、稳金融、稳外贸、稳外资、稳投资、稳预期工作。2018年12月19日至21日召开的中央经济工作会议，再次强调了做好"六稳"工作。关于"六稳"的这一经济工作部署，以稳中求进的工作总基调为统领，抓住了防范和化解重大风险这一重要主题，立足于把经济增长保持在合理区间。

2019年2月16日，中国经济50人论坛召开年会，以"如何实现'六稳'，保持经济长期向好"为主题，邀请部分论坛专家成员和特邀嘉宾做了发言。专家发言内容既包括了做好"六稳"的每个方面，也有从综合角度进行的分析。这次年会的内容引起媒体的关注和财经界的积极反响。由于发言人数较多，年会上每个人发言时间仅为大约6分钟。为了更全面反映论坛专家的研究成果，部分发言人充实了发言内容，形成比较完整的论文。中国经济50人论坛学术委员会决定编辑出版，以飨读者。

经济学家是一个最能体现众说纷纭、莫衷一是特点的群体。中国经济50人论坛专家成员，虽然共同点是直接从事经济工作并且高度关心改革、开放、发展的各个方面，但是由于观察问题的侧重点和分析方法不尽相同，对经济形势的认识进而提出的政策建议也自然有所差异。然而，对经济形势的判断乃至政策决策，在很多情况下并不是非此即彼那样简单，把这些分析、意见和建议结合起来阅读，恰恰可以产生互补、互鉴的效果。

中国经济 50 人论坛是一个研究和交流平台。作者在文中表达的观点并不代表论坛及其学术委员会的观点。当然，编辑中出现的遗漏或者错误之处，敬请读者不吝赐教，主编应该承担责任。

蔡昉

中国经济 50 人论坛学术委员会成员

2019 年 4 月 12 日

目　录

第五章　走向高质量发展

第一章　稳就业的原则和重点

Chinese Economists 50 Forum

稳就业的政策优先序和实施原则

蔡昉[①]

面对中国经济稳中有进、稳中有变、变中有忧的局面，2018 年 12 月 19—21 日召开的中央经济工作会议要求，要全面正确把握宏观政策、结构性政策、社会政策取向，确保经济运行在合理区间。中央提出稳就业、稳金融、稳外贸、稳外资、稳投资、稳预期，这既是当前需要积极应对，保障稳定的重要方面和主要内容，“六稳”的顺序安排也与时俱进，具有深刻的政策含义。总体而言，“六稳”中虽然没有“稳增长”的直接表述，但是，在确定了稳就业这个民生底线和稳金融这个防范系统性风险底线之后，其余“四稳”实际上都是稳增长的内容。因此，把就业放在“六稳”之首，标志着按照以人民为中心的发展思想，宏观经济政策目标从“保增长，稳就业”到“保就业，稳民生”的转变。

① 蔡昉，中国经济 50 人论坛学术委员会成员，十三届全国人大常委、农业与农村委员会副主任委员，中国社会科学院副院长、学部委员。

一、积极就业政策3.0

至少在 20 世纪 90 年代中期以前，我国劳动力转移和配置的市场化程度较低，宏观经济政策调控目标中没有明确的就业要求，货币政策和财政政策的官方表述中都没有单独提到就业目标。在一定程度上，这种情况与当时的劳动力供求关系也是相适应的。在二元经济发展过程中，劳动年龄人口和经济活动人口增长较快，劳动力市场上的供给大于需求是常态。因此，由于经济增长有一个既定的并假设不变的就业弹性［即一定的 GDP（国内生产总值）增长率带来多大幅度的就业扩大］，人们常常观察到，就业扩大更多地依靠经济增长速度。因此，以经济增长带动就业这个现象，决定了以增长速度目标代替就业扩大目标的政策理念，也有其历史的合理性。

在经历了 20 世纪后期就业冲击和劳动力市场改革后，中央于 21 世纪初提出实施积极就业政策。2002 年党的十六大报告提出实行促进就业的长期战略和政策，将促进经济增长、增加就业、稳定物价和保持国际收支平衡列为宏观调控主要目标。由此形成“积极就业政策 1.0”。这同时也意味着，政府和社会在关于经济增长与就业扩大的关系上，认识有了明显的提高，认识到经济增长并不自动带来就业扩大，不同政策导向的经济增长也带来不尽相同的就业效果。

2008—2009 年为应对世界金融危机提出了更加积极的就业政策，党的十八大提出实施就业优先战略和更加积极的就业政策。从此，政府稳定就业的政策内容更加充实，政策工具也更加丰富。因此，可以将此视为“积极就业政策 2.0”。与此同时，劳动力供求格局发生了根本性的变化，二元经济发展阶段劳动力无限供给的特征正在消失。在图 1.1 中，我们展示中国和主要新兴经济体，以及若干其他国家的实际 GDP 增长率和失业率，横坐标显示的时间跨度是 2008—2017 年。从其中的变化趋势可以看到，除中国之外，所有国家的增长率在 2009 年都发生了大幅跌落，失业率骤升。中国的减速相对平缓，失业率也没有显著变化。自 2012 年以来经济增长率缓慢下行，与此同时失业率即便不说显著下降，也可以说始终稳定在低水平上（图 1.1 中“中国 a”和“中国 b”分别使用了城镇登记失业率和城镇调查失业率）。

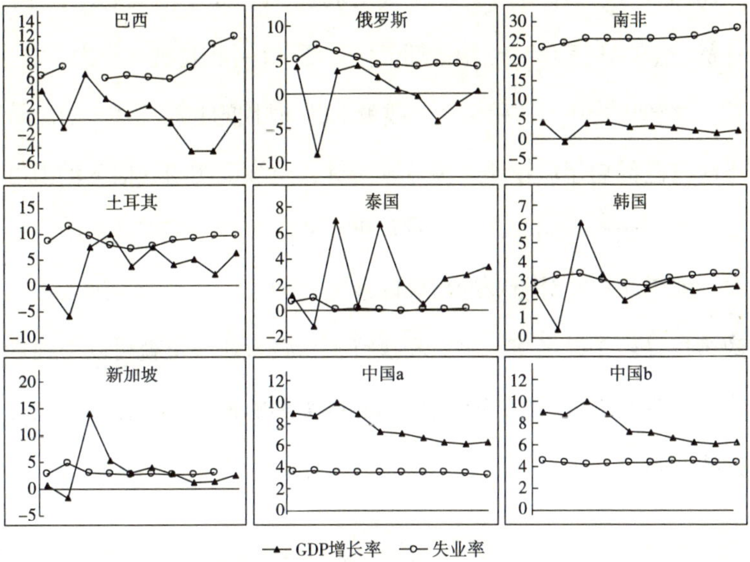

图 1.1　部分国家的增长率与失业率关系

资料来源：国际劳工组织数据库（https://www.ilo.org/global/statistics-and-databases/lang--en/index.htm）和世界银行数据库（https://data.worldbank.org/），2019 年 1 月 1 日下载。

为了从理念上强调保障民生的重要性以及解决好就业问题在其中的突出位置，在中央文件以及各种重要政策表述中，一直都是把确立和实现就业目标作为一项民生保障的要求，归入社会政策的范畴。如果说在政策表达中这样处理有利于提高就业政策优先地位，也便于考核各级地方政府相关工作，在政策实施层面未能把就业政策纳入宏观经济政策体系中，特别是货币政策的运用方向及出台时机没有将劳动力市场信号作为依据，则会导致稳定就业的要求在政策工具箱中的位置不恰当，也就造成稳定就业的措施难以同货币政策和财政政策等宏观经济政策的有效衔接，就业目标的优先序也容易在政策实施中被忽略，有时被保增长的要求代替。

2018 年 7 月 31 日中共中央政治局提出“做好稳就业、稳金融、稳外贸、稳外资、稳投资、稳预期工作”要求，并把稳就业作为“六稳”之首。这意味着开启“积极就业政策 3.0”时代的时机已经成熟。特别是，政府已经启用城镇调查失业率统计，也被证明与其他劳动力市场指标具有一致性。因此，通过对积极就业政策在政策工具箱中位置的调整，即把实现充分就业的目标以及劳动力市场各类信号纳入宏观经济政策抉择中予以考量、决策和执行，积极就业政策就可以得到真正落实，宏观经济政策的终极目标和底线更加清晰且可操作，民生得到更好的保障。

二、认识就业指标及现状

最重要的劳动力市场指标是失业率。长期以来统计部门统计发布城镇登记失业率数据，但是，该数据长期稳定在 4% 左右，变动幅度极其微小，也意味着该数据对劳动力市场变化不敏感。由此我们可以将其视为不受周期性因素影响的自然失业率即结构性失业率和摩擦性失业率之和。有关研究也估算出，21 世纪前十年的自然失业率为 4% 左右。[①] 至于国际劳工组织建议且被很多国家采纳的（城镇）调查失业率，在 20 世纪 90 年代末和 21 世纪初经历过大幅攀升之后逐渐得到改善，自 2008 年之后稳定在 5% 上下的水平（见图 1.2）。

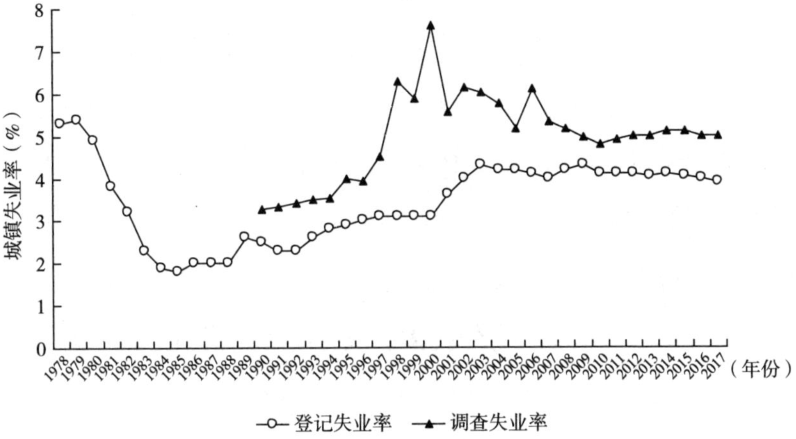

图 1.2　城镇失业率变化

资料来源：城镇登记失业率数据来自国家统计局历年《中国统计年鉴》；城镇调查失业率的早期数据系作者估计，近年数据系根据新闻报道和国家统计局发布汇集。

在积极就业政策 1.0 和积极就业政策 2.0 的执行中，之所以对劳动力市场冲击做出及时反应的政策手段，始终未能在宏观经济政策工具箱中得到充分体现，一个关键的制约就是失业率等劳动力市场信息不健全，有时还难以得到一致性的解释。通过准确理解城镇登记失业率与城镇调查失业率，并通过这两个指标及其关系认识当前中国的劳动

① 都阳、陆旸，《中国的自然失业率水平及其含义》，《世界经济》，2011 年第 4 期，第 3—21 页。

力市场状况，我们可以看到：第一，中国劳动力市场已经具备了典型的显示性指标，以及据此做出反应的劳动力市场行为。这都为宏观经济政策决策创造了必要的条件。第二，迄今为止中国经济基本处于充分就业状态，尚无须出台大水漫灌式的刺激性宏观经济政策措施。

在具有劳动力剩余特征的二元经济发展时期，我国城镇劳动力市场遭遇的最大的也是最后一次冲击，始于20世纪90年代中期，曾经造成大规模失业和下岗现象，其影响延续到此后大约10年的时间里。在21世纪第一个10年中，随着人口转变阶段发生了根本性变化，即15～59岁劳动年龄人口以及16岁以上经济活动人口相继进入负增长（见图1.3），劳动力供求关系也相应发生了逆转，劳动力不再是无限供给，二元经济发展特征逐渐式微，中国经济进入了全新的发展阶段。在2008年前后，一系列经济发展指标和劳动力市场指标，比如城镇失业率，不仅发生了数量上的变化，也发生了特征上的变化。

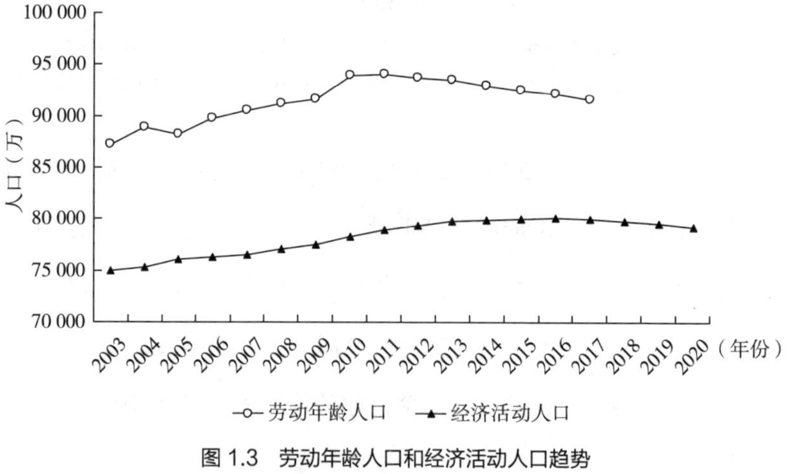

图1.3　劳动年龄人口和经济活动人口趋势

资料来源：根据人口普查和抽样调查数据估算。

直接观察和计量估计都表明，至少在2008年之前，4%左右的城镇登记失业率总体上处在自然失业率水平上，因而，较高的调查失业率与相当于登记失业率水平的自然失业率之间的差，便是对宏观经济更为敏感的周期性失业率。并且，由于农民工不能享受城市的失业保险，一方面无力承受在城镇处于失业状态，另一方面却可以依托承包地（农业）这个剩余劳动力蓄水池，避免在城市处于失业且没有社会保险的境地。事实上，他们一旦离开工作岗位通常会返乡务农，所以他们的劳动力市场状况既不影响自然失业率，也不影响周期性失业率。而当时城镇户籍人口的就业常常受到政策保护，积极就业政策也取得了较好效果，并且被失业保险制度兜底。所以，除了就业冲击最严重的2000年前后，周期性失业率并不敏感。

然而，如今情况发生了变化，给城镇劳动力市场带来新的特点。首先，由于迄今农业已经遭遇多年劳动力短缺。作为对此做出的理性反应，农业机械化进程加速，节约劳动的特征也越来越明显，因而替代劳动力的进程也非常快，农业已经不再具备执行剩余劳动力蓄水池的功能。其次，新一代农民工大多没有务农的经历和经验，也没有务农的预期和意愿。同时，现在农村家庭的收入状况也使他们能够承受短期不就业。因此，即便遭遇城镇就业困难，他们中很多人也不会返乡。最后，由于持续处于劳动力短缺状态，就业市场对劳动力需求仍然强劲，农民工保留工资提高也倾向于提高自然失业率。这样，农民工的劳动力市场状况已经开始影响自然失业率以及周期性失业率。此外，更多的城镇户籍人口处于灵活就业状态，遭遇自然失业和周期性失业的概率都增大了。

由于2008年以来调查失业率保持在5%左右，成为一个稳定的失业率水平，按照自然失业率的定义（即不直接受宏观经济周期性影响而相对稳定的失业率），如今我们可以把 5% 的失业率水平看作是劳动力市场摩擦因素和结构性因素造成的，即处在自然失业率水平。在此失业率水平上（以及其他劳动力市场指标下），目前的经济增长速度可以满足充分就业的要求，因而仍然处于合理区间，无须急于出台强刺激性的宏观经济政策措施。通过对人力资源和社会保障部门采集的部分城市公共就业服务机构市场供求状况的分析，得出求人倍率（岗位需求数与求职人数之比）这个指标。分析显示直到 2018 年第四季度，岗位需求数仍然明显大于求职人数，并呈走高的趋势，也印证了当前就业比较充分这个结论（见图 1.4）。以此自然失业率为基准，一旦超出该水平，就意味着经济增长速度低于潜在增长率，就会发生周期性失业现象，即调查失业率显著高于 5%。那时，便是使出刺激性宏观经济政策相应工具的时机了。

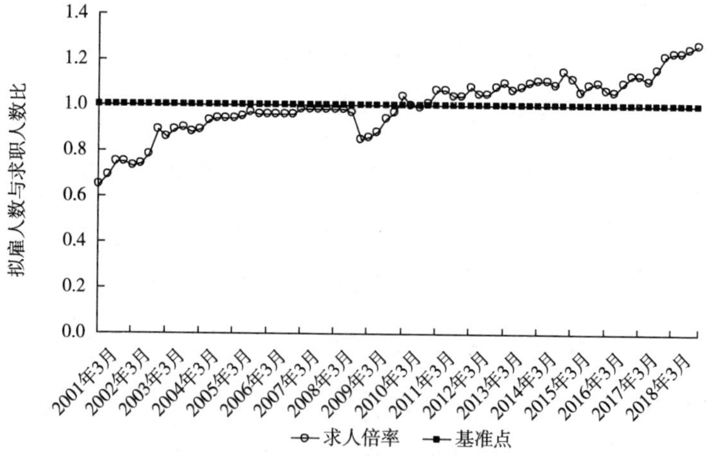

图 1.4　城市公共就业服务机构供求状况

资料来源：CEIC 数据库（https://www.ceicdata.com），2019 年。

三、就业优先的政策协调

虽然自2012年以来中国经济增长一直处于下行趋势，但是，迄今为止GDP增长率与潜在增长能力是相适应的，因而没有形成增长缺口。对劳动力市场状况的观察，也显示中国经济处在充分就业的增长区间。这意味着，目前不宜对宏观经济采取大水漫灌式的强刺激措施。与此同时，中国经济也面临着国内外复杂局面造成的不确定性，以及从高速增长向高质量发展转变的严峻挑战。一方面，全球化逆风以及中美贸易摩擦，都可能使中国经济面对一定的外部需求侧冲击。另一方面，供给侧结构性改革也会产生一定的经济下行压力。与此同时，从供给侧看，生产要素供给和配置仍有巨大的改善潜力，可以提高中国经济的潜在增长率。因此，充实和调整宏观经济政策工具箱，在当前是一项需要置于优先地位的重要任务，唯此才能未雨绸缪，做好充分的政策储备和应对准备。充实和调整宏观经济政策工具箱，本身也是一项艰巨的改革任务，应该立足于达到以下目标，予以积极推进。

首先，围绕能够改善生产要素供给和配置从而提高潜在增长率的方面，继续深化经济体制改革，特别是推进供给侧结构性改革。至于诸多在供给侧和需求侧都具有促进和稳定经济增长效果的改革领域，因其能够创造真金白银和立竿见影的改革红利，应该在改革时间表上得到优先安排，以紧迫的节奏加快推进。例如，以农民工市民化为核心的户籍制度改革，既有助于稳定劳动力供给和提高资源配置效率，又能够扩大消费需求和平衡需求结构。又如，围绕减税降费进行改革，既减轻企业负担，又有助于改善经营环境、提振投资者和经营者信心。

从这个出发点看，提高纳税的便利性也应该是减税降费改革的重要内容，符合推动简政放权和“放管服”改革方向，可以取得改善营商环境的效果。

在改革有利于提高经济增长潜力的认识上，经济学家是有共识的。他们分别就户籍制度、金融体制、土地制度、国有企业、人口政策、教育和培训体制等领域改革所具有的潜在效果进行了定性和定量分析，揭示出改革红利的显著性。例如，我们对改革效果的计量模拟表明，如果通过推进相关领域的改革，为目前的潜在增长率追加新的增长动力，比如把总和生育率从目前的 1.4 提高到 1.6、使非农产业的劳动参与率每年增加 1 个百分点、全要素生产率的增长率提高 0.5 个百分点、并以一定速度扩大教育和职工培训的话，中国经济在近期和未来获得的额外 GDP 潜在增长率，可以达到 1 ~ 2 个百分点。①

其次，坚持民生导向，推进收入分配制度改革，完善社会保障网，实现社会政策托底，既是为推进供给侧结构性改革保驾护航，也是应对经济下行压力和可能出现的劳动力市场的未雨绸缪之举。党的十八大以来，我国在民生领域取得了新的更大的进展，人民群众的获得感、幸福感、安全感显著增强，为防范化解重大风险、社会政策托底奠定了扎实的基础。同时也要看到，这个领域仍然存在诸多短板需要加快补齐，最紧迫的莫过于加大政策实施力度和改革力度，缩小城乡之间、地区之间、户籍身份之间和就业性质之间的基本公共服务差异。在资源有限的条件下，以基本公共服务均等化为突破口提高社会政策托底

① Cai Fang and Lu Yang, “Take-off, Persistence, and Sustainability: Demographic Factor of the Chinese Growth”, *Asia & the Pacific Policy Studies*, Vol. 3, No. 2, 2016, pp. 203–225.

水平，可以取得纲举目张的效果。

在中国当前提高消费需求，有两个特别的人口群体最值得关注，也具有最大的潜力。一个群体是农民工群体。2017 年全国有 2.87 亿农民工，其中 1.72 亿为离开了本乡镇的外出农民工，另外 1.15 亿为在本乡镇从事非农产业的农民工。无论他们是离开了农村还是离开了农业，都意味着成为工资收入者，消费需求和消费能力都显著提高。然而，由于户籍身份妨碍他们获得均等的基本公共服务以及降低他们城市落户的预期，所以抑制了他们的实际消费。研究表明，一旦通过户籍制度改革获得城市户籍身份，即便其他条件不变，农民工的消费支出也可以提高 27%。另一个群体是老龄人口。2017 年中国 60 岁及以上人口有 2.4 亿，占全部人口比重 17.3%。中国“未富先老”特征的一个表现就是：人口的收入水平随年龄增长呈现出一个倒 U 字形曲线，即劳动收入从接近 20 岁才开始有，随后迅速提高并于 25 ~ 45 岁期间达到并稳定在高水平上，以后则逐渐下降，到 60 岁以后消失。相应地，消费水平也在 30 ~ 40 岁之间形成峰值，随后便缓慢降低。所以，释放老年人的消费能量，突破口在于稳定他们的劳动收入，增加他们的财产性收入，以及提高社会保障水平。

最后，实施升级版的积极就业政策，进一步完善劳动力市场指标的统计、采集和分析，为宏观经济政策底线及取向提供更加可靠的依据。目前我国各项劳动力市场信息统计已经比较完善，需要将其与宏观经济分析进行一致性考查，正确理解和把握这些信息的政策含义。在一定程度上，把积极就业政策纳入宏观经济政策工具箱，核心在于劳动力市场指标及其变化的正确解读。一方面，把失业率稳定在自然失业水平上，就能守住充分就业这个经济增长速度底线。另一方面，宏观经济政策工具箱中社会政策托底措施充实有效，也是守住民生底线的关键。同时，实施积极就业政策 3.0，以及比托底更加积极进取的改善民生任务。把实际失业率稳定在自然失业水平上，固然满足了充分就业的目标，但是，自然失业率也不是一成不变的。通过改善技能培训和职介服务效率、扩大公共就业服务覆盖面，可以显著提高劳动力市场的匹配水平，降低自然失业率本身。

稳就业应处理好的五个关系

宋晓梧[①]

2018 年 7 月，以习近平同志为核心的党中央提出稳就业、稳金融、稳外贸、稳外资、稳投资、稳预期，第一次把稳就业放在“六稳”之首，同年 11 月国务院又发布了《关于做好当前和今后一个时期促进就业工作的若干意见》，彰显了党中央、国务院在当前国际国内形势下对就业工作的高度重视。应当说，我国从经济高速增长向经济高质量增长转变的过程中，就业工作成绩是显著的，为经济社会的较平稳转型做出了努力。2018 年全国城镇新增就业 1 361 万人，连续 6 年保持新增就业 1 300 万人以上。瑞士洛桑国际管理学院发布的《2017 年世界竞争力报告》显示，在细分项中，中国的就业排在全球 63 个主要经济体中的首位，赢得国际社会的认可。同时也应看到，在当前国际国内形势下，我国就业面临着严峻挑战，需要处理好以下五个方面的关系。

① 宋晓梧，中国经济 50 人论坛成员，北京师范大学中国收入分配研究院院长。

一、就业与投资

有的学者提出，把稳就业放在“六稳”之首，标志着我国就业工作进入 3.0 版，意味着就业从社会民生工作提升为宏观经济工作。我认为“积极就业政策 3.0”，应当明确就业是今后中长期经济宏观调控四大指标之首。我多次在中国经济 50 人论坛上谈过这个问题，这里就不重复了。那么把稳就业放在第一位是否就贬低了投资的重要性？长期过度依靠投资拉动 GDP 的增长方式已经难以为继，我国的就业弹性也为此曾大幅度降低，但这不是说现在突出就业，投资就不重要了。应处理好稳就业与稳投资的关系。

这方面，美国的经验还是值得借鉴的。2009 年为应对次贷危机导致的失业率上升，美国出台了促进就业的法案——《美国复苏与再投资法案》。这个法案的标题中没有就业字样，可通篇都是围绕促进就业加大投资，如何保留创造工作的机会、如何援助受经济衰退影响严重的机构和个人、如何通过激励科学和健康方面的技术进步提高经济效益等问题，其中也提到投资于交通、环境保护和其他会带来长期经济效益的基础设施。

我国现在经济增长还在减速，各方面对投资拉动经济增长有所期待。我担心一讲投资，很容易路径依赖，又围绕 GDP 去确定投资项目，尤其是地方政府，再驾轻就熟地分解投资指标以行政手段落实。据一些地方反映，这样的情况已经发生。当前我国 GDP 增长率还保持 6% 以上，仍远高于世界主要经济体，加大投资应重点围绕促进就业展开，经济的就业弹性以及投资的就业弹性应作为中长期投资效率的重要评价指标。

二、就业与中小企业

世界上大多数国家，90% 左右的就业人员分布在中小企业。尽管一些大企业在经济结构调整中破产或大量裁员会引起社会高度关注，但从就业总量看，稳就业的重点是稳中小企业。根据统计分析，我国民营企业贡献了 50% 以上的税收、60% 以上的国内生产总值、70% 以上的技术创新成果、80% 以上的城镇劳动就业、90% 以上的新增就业人员，其中中小企业在提供就业岗位方面稳居第一。中小企业都是民营企业，稳住了民营企业就稳住了中小企业，这对稳就业十分重要。2018 年 11 月，习近平总书记专门主持召开民营企业座谈会，充分肯定民营企业的重要地位和作用，强调必须坚持“两个毫不动摇”“三个没有变”，对支持民营企业发展壮大做出全面部署。各地、各个部门积极研究制定相关具体措施，在解决中小企业融资难、门槛高等方面出台许多政策举措，对稳就业起了至关重要的作用。

具体到稳就业，2018 年 11 月国务院出台的文件提出：第一，加大对企业稳岗的支持力度。对于不裁员或少裁员的参保企业，可以返还其上一年度实际缴纳失业保险费的 50%，对面临暂时性生产经营困难而且又有望近期得到恢复的，加大返还力度。第二，加大对小微企业融资担保的支持力度。充分发挥政府性融资担保基金作用，鼓励各地优先为符合条件的小微企业提供低费率担保支持，提高其贷款的可获得性。第三，将符合条件的小微企业创业担保贷款申请额度，从 200 万元提高到 300 万元，提高幅度达 50%，可以更好地满足企业融资需求。第四，切实减轻企业负担。按照国务院的统一部署，连续出台降低社会保险费率的政策。这些政策相互结合，将进一步降低中小企业运营成本，帮助企业缓解融资难等问题，具有稳住民营企业尤其是中小微企业吸纳就业的作用。

三、就业与创新发展

从就业总量看，随着我国人口老龄化的进程，新增就业人口对就业的压力大大减轻，但经济转型必然要求劳动力结构调整，包括产业结构、技术结构、知识结构以及年龄结构等方面。这些调整对就业的压力却大大增加。其中创新发展对就业结构调整压力很大。创新发展是新的发展理念之一，互联网、人工智能、机器人等是创新的焦点话题。国内外不少人，甚至知名学者，把创新与就业对立起来，认为创新将消灭一大批工作岗位，其中影响较大的是《今日简史》作者、以色列学者尤瓦尔·赫拉利。按他在《今日简史》中所说的，在19世纪人类创造出了庞大的无产阶级，在21世纪人类将创造出一个庞大的无用阶级。同类的观点现在还很时髦，以此推论，创新与就业似乎势同水火。就单个企业看，这种情况的确存在，如某港口依靠人工智能控制，工人需求量可以减少一半，又如某企业使用了数控柔性加工线后，普通工作岗位减少80%以上。

其实，创新导致一些现有工作岗位大幅度减少的事，在人类历史上，特别是工业化以来一直在不断上演，但同时创新还可以创造多大规模新的工作岗位，在创新之初是很难预测的。汽车的发明消灭了马车夫的工作岗位，马车夫有多少是可以统计的呢？而汽车的设计、制造、维修，以及其带来的相关产业链的工作岗位当时谁能预计呢？我认为，创新与就业的关系可以类比人类认知与未知的关系。我们的认知半径越大，未知的圆周越大。创新的层级越高，创造新就业岗位的潜力越大。当然，这是从人类文明发展的视角看就业与创新的关系，具体到一个企业、一个行业、一个地区，还是要高度重视创新带来的结构性失业问题，为能够转岗就业的提供适用的转业培训，为提前退出劳动力市场的提供合理的社会保障。

四、就业与工资、社保

在促进就业、经济增长、物价稳定、外贸平衡这宏观调控四大指标中，我认为“十三五”“十四五”时期应当把促进就业列为首要指标。在劳动力市场子体系中，就业、工资、社保三方面，就业也应处于优先地位。市场经济条件下，行业、企业的工资水平是根据本行业、本企业具体的劳动力供求关系确定的，政府能做什么？政府不应当以行政手段直接干预企业的用人和工资自主经营权，当然工资水平的调整还要发挥劳资集体协商机制的作用，但在就业压力很大的情况下，政府可以通过缓慢提高最低工资标准来降低企业人工成本增长压力。这在发达市场经济国家不乏先例，有的在经济危机严重时实际上冻结了最低工资标准。鉴于工资刚性原则，降低最低工资水平的情况极为罕见。

现在企业抱怨比较强烈的，是我国社保缴费率高，主要是职工基本养老保险缴费率过高。在就业压力增大时，暂时下调社保缴费率是许多国家都采取过的措施。2009 年出台的《美国复苏与再投资法案》

就提出企业可以暂时免交失业保险费。新加坡在亚洲金融危机时曾大幅度下调公积金缴费率（约 10 个百分点），德国的企业社保缴费率多年来随着经济波动做适当调整。近年来，我国也适当调整了企业社保，主要是职工基本养老保险缴费率。例如 2013—2016 年，职工基本养老保险缴费率，上海、哈尔滨两市从 22% 下降到 20%，厦门从 14% 降低到 12%，深圳、宁波仍保持在 14%。从法定社保缴费率看，我国企业缴费率在世界上处于高位，但由于各地采取了多种变通办法，全国平均企业实际缴费率要比法定缴费率低 10 多个百分点。更为严重的问题是由各地自行确定降低企业缴费率幅度，进一步加大了地区差距，破坏了社会保障应遵从的大数法则，造成不同地区企业社保负担苦乐不均，特别是老工业基地企业与新兴工业城市企业难以公平竞争。哈尔滨市降低了职工基本养老保险缴费率，养老保险基金更加入不敷出，而厦门、深圳等市积累了大量养老保险基金。因此，适当降低职工基本养老保险缴费率，应当在企业职工基本养老保险全国统筹的基础上统一调整，应尽快统一缴费率、统一缴费基础、统一经办机构、统一划拨国有资产补充职工基本养老保险基金。根据我目前搜集到的资料，除了加拿大的魁北克省，世界各国的法定职工养老保险都是全国统筹。许多人强调全国统筹面临的困难，正是需要以壮士断腕的精神去打破的既得利益格局。

五、就业与农民工

很长时期我们讲就业主要指城镇户籍就业人员，大家认为农民工是中国特有的就业稳定器。就业压力大了，成千上万的农民工可以返乡务农，城镇需要劳动力了，可以多让农业富余人员进城。现在这种情况发生了根本性变化，必须把农民工就业放到稳就业工作的重要位置。

随着城镇化进程的加快，农民工已经成为城镇就业的主力军。据人力资源与社会保障部提供的数据，2017 年农民工总量 2.8 亿人，占城镇总就业人口（4.2 亿人）的 67%。根据全国总工会 2017 年的调查，全国工会会员 3.03 亿人，其中农民工会员为 1.4 亿人。这意味着在全国各类单位就业人员中，农民工约占 50%。其中 1980 年以后出生的新生代农民工占全国农民工总量的 50.5%。那种认为城里有活就招农民工，城里没活农民工就回乡务农的观点，对上亿的新生代农民工完全失效。一项调查显示，38% 的农民工认为自己就是所在城市的“本地人”，随着新生代农民工比重的增高，这种“本地人”认同感的比重也会增加，2017 年比 2016 年就提高了 2.4 个百分点。因此，必须高度重视中美贸易摩擦对就业的影响，高度重视去产能对就业的影响，特别是对新生代农民工的影响。解决农民工务工问题的根本途径，是中央一再明确的农民工市民化，这一进程在“十三五”时期应加快进度，希望在“十四五”时期让农民工成为历史。

稳就业：着眼当前顾及长远

都阳[①]

中央经济工作会议明确地把实施积极的就业政策作为2019年经济工作的重点任务，稳就业成为宏观经济调控的首要目标。通过积极的就业政策稳定就业，不仅要对当前的经济形势和就业形势有准确的研判，还需要进一步完善积极就业政策体系，在守住底线目标的同时，保持劳动力市场的活力，为经济持续健康发展创造条件。

一、守住底线目标难度不大

维持充分就业既是稳就业的首要目标，也是坚持底线思维的重要体现。2018年，就业工作的底线目标是把城镇调查失业率控制在5.5%以下，城镇登记失业率控制在4.5%以下。2019年李克强总理在《政府工作报告》中指出，继续将城镇调查失业率控制在5.5%以下，城镇登记失业率控制在4.5%以下，作为政府的就业工作目标。结合经济发

① 都阳，中国社会科学院人口与劳动经济研究所副所长。

展和劳动力市场运行的实际情况分析，2019 年实现就业工作的底线目标难度不大。考虑到城镇调查失业率较之城镇登记失业率更准确地反映了劳动力市场的实际变化情况，以下的分析以调查失业率为主。

从劳动供给的角度看，直接影响城镇调查失业率有三个指标：劳动年龄人口数量、城镇化率、劳动参与率。根据国家统计局新近公布的数据，2018 年全国 16～59 岁人口总量为 8.97 亿。以 2015 年该年龄组人口 60.5% 的城镇化率为基准，假定其后的城镇化速率与总体的城镇化速率相当，则 2019 年 16～59 岁人口的城镇化水平为 64%，人口数量在 5.74 亿左右。如果该年龄组城镇人口的平均劳动参与率在 2019 年不发生大的变化，保持在近年来的平均水平，即 66% 左右，由此推算 2019 年城镇 16～59 岁的经济活动人口总量大约为 3.79 亿。2018 年全年月度城镇调查失业率在 5% 左右波动，均值为 4.94%。如果以全国月度城镇调查失业率的均值水平和 2018 年 9.02 亿的 16～59 岁人口作为基准，在假定劳动参与率保持稳定和城镇化同水平推进的条件下，我们可以分别计算出 2018 年基准水平的城镇就业规模以及 2019 年城镇调查失业率为 5.5% 水平下的就业规模。结果发现，在劳动年龄人口减少但城镇化仍然继续推进的情况下，2019 年新创造出 165 万个左右的就业岗位，就可以确保实现城镇调查失业率控制在 5.5% 以下的就业工作目标。

从劳动力需求的角度看，影响经济增长的就业弹性的主要因素，如经济结构和企业的技术类型，在短期内变化不大。过去十几年，中国经济发展和劳动力市场变化的现实也证明了这一点。即便经历了 2008 年国际金融危机等剧烈的外部冲击，就业弹性系数的波动幅度也相对较小，过去十年该指标的变异系数（该指标标准差与其均值的比）仅为 0.092。以近十年的数据观察，城镇就业弹性的均值为 0.393，近五年为 0.388。以过去五年平均就业弹性作为分析基准，2019 年的经济增长如果保持在 6% 的水平，则会增加约 1 000 万个就业岗位。这意味着，把城镇调查失业率控制在 5.5% 以内是一个完全可以实现的目标。

需要指出的是，基于上述假定所产生的劳动力供需缺口意味着 2019 年劳动力市场仍然偏紧。劳动力市场的调整和动态平衡仍然将主要通过工资水平的上涨（抑制劳动力需求）和城镇化的推进（增加劳动力供给）等方式实现。

二、不断提升劳动力市场的运行效率

在实现底线目标难度不大的情况下，实施积极的就业政策也需顾及经济发展和劳动力市场运行的长远目标，即不断提升劳动力市场的运行效率，并使其成为支撑经济持续健康发展的有利条件。尤其需要注意防范的是，因过度关注短期的失业率指标，而损害劳动力市场中长期的健康发展。当前，需要重点关注以下几个方面。

首先，力争劳动参与率稳中有升。劳动参与率反映了劳动年龄人口参与劳动力市场的活跃程度。高参与率和低失业率是劳动力市场调控所要追求的理想目标，也是劳动力市场繁荣的重要体现。相比之下，低失业率和低参与率的组合，虽然在一定程度上实现了劳动力市场的调控目标，但人力资源的利用并不充分，劳动力市场的效率没有得到发挥。

近年来，总体劳动参与率呈下降趋势。分析表明，影响劳动参与的因素除了劳动力市场的工资水平以外，一些制度性因素，如社会保障制度安排的方式、户籍制度、公共服务的水平与均等化等都会因影响保留工资水平，进而影响个体的劳动参与决策。例如，对未成年子女的看护提供社会化服务，可以有效地促进女性的劳动参与。而从中国的现实情况看，劳动参与的性别差异有扩大的可能，并制约了总体的劳动参与水平的提升。非劳动收入的增加也是影响劳动参与的重要因素，在老龄化日益严重的情况下，优化养老金给付机制，增加劳动供给激励，也是提高劳动参与率的重要方式。在城镇劳动力市场上，流动人口有着更高的劳动参与率，进一步消除劳动力流动的制度性障碍，继续鼓励农村向城市的劳动力转移，有利于提高总体的劳动参与水平。①

其次，要注重提升劳动力生产率。中国已经面临人口老龄化的挑战，而且，老龄化进程正在加速。不断提升劳动生产率是应对人口老龄化的根本举措。2013 年以来，中国 16～59 岁的劳动年龄人口开始持续减少，2018 年减少了 470 万人，过去五年累计减少了 2 225 万人。劳动供给减少在大大缓解了短期的就业压力的同时，也在不断增加劳动力的稀缺性，并推动了工资水平的不断快速上涨。更重要的是，由于劳动力稀缺性推动的工资上涨往往与劳动生产率脱离，这使得工资上涨无须以生产率提升为基础，其结果将导致单位劳动力成本（劳动力成本与劳动生产率之比）不断上扬。对于可贸易部门如制造业而言，

① 都阳、贾朋,《劳动供给与经济增长》,《劳动经济研究》, 2018 年第 3 期，第 4—22 页。

单位劳动力成本的上升必然意味着企业、部门或行业国际竞争力的下降。在外部经济环境多变的情况下，如果单位劳动力成本上升过快，也不利于外向型企业或部门保持竞争力和就业稳定。

最后，要继续提高劳动力市场的流动性，进一步提升劳动力市场的运行效率。劳动力流动可以有效地扩大劳动力市场规模，促进就业，并对经济增长产生积极的推动作用。[①] 中国改革开放以来的成就也充分证明了劳动力流动对就业创造的积极意义。然而，劳动力流动对于维持短期的劳动力市场平衡的积极作用却往往被忽视。因此，每当遇到短期的就业冲击时，政策干预的方式往往是用限制劳动力流动的措施来“稳就业”，例如以行政命令的方式限制企业解雇员工来稳定就业岗位。这种方式虽然可以在一段时间内保持就业岗位，但不利于持续创造就业。

实际上增加劳动力市场的流动性，也是短期维持劳动力市场平衡的重要抓手。根据劳动力流动的形式和程度的不同，流动性包括劳动力在城乡之间、地区之间、部门之间和企业之间等多种流动方式。流动性是市场机制发挥作用的重要体现。提高劳动力市场的流动性，之所以对稳定就业起积极的作用，是因为更动态的劳动力市场增加了劳动力市场的厚度。通过劳动力的流动，企业获得了更多的机会寻找更合适的劳动者，企业用工的难度降低，有利于企业重新配置要素资源，进而增加对劳动力的需求。更重要的是，劳动力也有更多的机会选择更多的就业岗位。当前提高劳动力流动性的核心，仍然是继续致力于

① 都阳、蔡昉、屈小博、程杰，《延续中国奇迹：从户籍制度改革中收获红利》，《经济研究》，2014 年第 8 期，第 4—13、78 页。

消除劳动力流动的各种制度障碍。要在各个领域深化改革，多措并举，以提升劳动力市场的运行效率。

要推动彻底的户籍制度改革，推进社会保障体系一体化改革，进一步开放城市（尤其是特大城市）的劳动力市场，以充分发挥大城市在就业创造中的特殊作用。进一步清理限制劳动力流动的行政干预政策，以及与户籍相关的就业歧视，最大限度地发挥城市的就业吸纳功能。消除劳动力流动的部门间障碍，通过深化国有企业用人机制改革，提高国有部门和其他经济部门之间的就业流动性，为新毕业大学生等面临暂时就业困难的群体创造更有利的就业环境。此外，还需要把握劳动监察和劳动力市场规制的节奏和力度，更加注重就业保护和就业创造的平衡。在外部经济环境多变、经济存在下行压力的情况下，谨慎出台新的规制措施，避免增加新的不确定性。

三、积极的就业政策要精准施策

精准施策是国家治理体系现代化的重要体现，稳就业的目标虽然置于各项宏观调控目标之首，但实施积极的就业政策也需要追求以最小的代价取得最大的成果。同时，从政策实施的效果看，只有精准施策，才能更有效地实现稳就业的政策目标。

（一）稳就业政策的成本

稳就业政策的成本体现于两个方面：推进积极就业政策的行政成本和实施积极就业政策的机会成本。前者主要是指公共财政对稳就业政策的直接或间接投入，行政体系为推进政策所动用的资源、产生的负担等。后者则是指稳就业目标和其他调控目标之间此消彼长的关系。一般来说，直接的成本切实可见，也容易计算，但政策执行的机会成本往往被忽视。因此，推进积极就业政策，不仅要考虑其所要实现的劳动力市场目标的实施效果，还需要考虑积极就业政策对其他经济指标可能产生的影响。

在宏观调控的主要目标中，失业率与价格水平的关系尤为密切。对于积极的就业政策而言，以下几个关于两者关系的方面具有重要的政策含义。

第一，失业率和价格水平存在此消彼长的关系，积极的就业政策和其他宏观政策的目标永远都需要寻求这两者的平衡。当然，人们对更高的失业率和更高的价格水平的容忍程度并不是等价的。已有的研究利用加总数据的分析结果显示，失业率对幸福感影响的估计系数是通货膨胀的两倍。[①] 这既体现了失业率和价格水平作为调控目标的相对重要性，也为我们制订更加细致的调控方案提供了参考的依据。

第二，失业率是不可以无限降低的，积极的就业政策也有其作用的极限，这也是中央经济工作会议和政府工作报告将失业率水平作为一个工作目标的原因。自然失业率确定了一个经济的充分就业水平，也给出了积极就业政策短期的目标极限。当然，自然失业率在长期也可能下降，除了一些政策和制度不可控的因素（如人口结构的变化）

① Di Tella, R., R. MacCulloch, and A. Oswald, 2001, “Preferences over Inflation and Unemployment: Evidence from Surveys of Happiness”, *American Economic Review*, 91(1), pp. 335–341.

以外，需要通过强化劳动力市场功能，而不是短期调控政策完成。

第三，积极就业政策的方向和力度需要由失业率与自然失业率的相对关系来确定。潜在经济增长率水平决定了自然失业率水平，自然失业率与现实的失业率水平的差异，决定了积极就业政策是否需要有短期的需求管理的内容。这意味着如果对失业性质没有正确研判，就会降低稳就业投入的行政资源的使用效率。

（二）发生周期性失业的可能性较小

按照失业的产生机理，失业可以分为总需求不足产生的周期性失业、经济结构调整产生的结构性失业以及劳动力市场运行不畅导致的摩擦性失业。根据测算，中国经济在当前发展阶段的潜在增长水平在6.2% 左右。[①] 以此潜在经济增长水平估算，中国经济近年来的实际增长水平位于潜在经济增长率附近，需求缺口很小。从调查失业率和价格水平的相互关系看，总供给与总需求大体保持平衡，失业率水平与自然失业率水平接近。这意味着，目前并没有出现周期性失业，劳动力市场的总量关系也维持平衡。因此，中央提出的在 2019 年继续实施积极的财政政策和稳健的货币政策的组合是非常正确的，不需要以刺激短期需求的方式维持劳动力市场平衡。

当前的实际失业率水平与自然失业率接近，失业的主要构成是结构性失业和摩擦性失业，其中以结构性失业最为明显。结合当前的经济发展阶段、经济运行态势和外部经济环境，造成结构性失业的来源

---

① 陆旸、蔡昉,《从人口红利到改革红利：基于中国潜在增长率的模拟》,《世界经济》, 2016 年第 1 期，第 3—23 页。

主要有两个方面：首先，实施供给侧结构性改革，推动经济结构的调整和升级，劳动力成本上升，企业根据要素价格的变化重新配置资源等主动的结构性调整，可能会产生局部或区域性的结构性失业；其次，外部环境冲击和不确定性的增加，可能对部分企业和行业的生产经营产生影响，造成产出的波动，并导致就业岗位的损失。

（三）结构性失业的特点使精准施策成为可能

当前可能发生的结构性失业具有企业、行业和区域类型较为集中的特点。这些特点导致失业发生时的冲击效应比较集中和社会影响较为突出，但其区域集中和鲜明的行业特点，也为精准施策提供了可能，可以采取滴灌措施进行瞄准，治理结构性失业。结合当前的形势，治理结构性失业应该统筹好以下几个方面的工作。

第一，把稳就业的积极就业政策和扶持小微企业的一般政策统筹好。小微企业的脆弱性决定了在外部条件急剧变化或结构调整猛烈的时期，比大企业更容易受到冲击。同时，从企业的生命周期看，企业的消亡和新企业的诞生是经济结构调整的主要形式，而其中小微企业正是这种动态调整过程的主体。一方面，要看到小微企业的不断自然更替是经济发展过程的正常现象，只要有新的小微企业诞生，就会有新的就业岗位被创造。同时，也要关注特定经济环境变化给小微企业带来的特殊困难。因此，要把稳就业政策和扶持小微企业政策结合起来，特别是把促进就业的专项资金纳入扶持小微企业的专项计划中，以形成合力。

第二，统筹协调稳就业的政策和应对贸易环境变化和保护主义等外部冲击的政策。随着中国转变经济增长方式的逐步推进，增长动力已经明显转换，外贸依存度开始下降，内需已经成为就业创造的主要来源。中国的贸易依存度已由峰值的2006年的64.2%，下降到2018年的33.9%。2017年中国货物出口总额与GDP的比率为18.5%。若以出口增加值占GDP的比例估算，外需产生的直接的劳动力需求占就业的比重并不大，不到城镇就业总量的1%。外向型企业区域和行业集中，而且是否受到影响及受到冲击的程度也容易识别，采取精确瞄准的方式，给遇到外需冲击、具有转型能力的小微企业以过渡性的扶持，防范可能发生的失业。

第三，把稳就业的需求和处置僵尸企业的需求统筹好。一部分结构性失业是和正常的结构调整相关联的，产生一部分失业是资源重新配置的必然结果，也是市场经济运行的正常现象，可以本着“保护劳动者，但不保护落后产能”的原则，瞄准个人而不是企业予以扶助。

四、强化社会安全网的兜底功能

经济发展过程中的失业现象不可避免，从宏观上看，一定程度的失业是不可避免的，也是可以接受的。但这绝不意味着对失业群体社会安全的忽视。就当前的经济运行情况看，5%～5.5%的城镇调查失业率与自然失业率水平接近，从宏观上看，过度干预失业水平可能会使其他宏观经济指标恶化，从而使政策实施负担更高的成本。但从微观上看，每一个失业的劳动者都经历着福利的损失，承受着失业带来的痛苦。因此，在强调稳就业的同时，对适度的失业率水平，要采取直接瞄准劳动者的方式，发挥社会安全网的兜底作用，对劳动者进行保护。这样既可以降低由失业引起的社会震荡，也能确保经济的正常运行。

失业人群仍然是劳动力市场的参与者，对他们的保护既要着眼于福利的稳定，也要致力于使他们重新回到工作岗位。因此，要注重福利补偿与工作激励的平衡。在社会安全网的诸多组成部分中，应该注重发挥失业保险制度的作用，而避免使用社会救助措施。

作为社会安全网的重要组成部分，加快改革现行的失业保险制度，充分利用失业保险基金，更好地发挥失业保险制度的作用，可以在失业冲击发生时起到立竿见影的作用。例如，改革失业保险的统筹方式，通过提高失业保险基金的统筹层次，解决失业严重地区基金供给不足、就业形势好的地区结余丰富的矛盾，真正发挥保险的互济功能。通过扩大基金覆盖范围，特别是提高农民工的参保率，解决劳动密集型行业对失业保险需求大、受到冲击的风险大，但覆盖相对低的矛盾。借鉴国际上成功的经验，改革失业保险基金的支付方法，兼顾失业救助与劳动供给激励，提高失业保险基金的使用效率。

第二章　大力推进金融改革

Chinese Economists 50 Forum

中国债务灰犀牛是如何养成的

张晓晶①

2008 年国际金融危机以来，全球范围内的债务高企，引起各方面关注。国际货币基金组织推荐使用宏观杠杆率（实体经济部门的债务与 GDP 之比）来评估各国债务风险；国际清算银行也提出了将杠杆率偏离长期趋势的杠杆率缺口作为金融不稳定的预警。

在此期间，我国宏观杠杆率则以更快的速度攀升。中国社会科学院国家资产负债表研究中心的数据显示，2008—2016 年，我国宏观杠杆率平均每年上升 12.4 个百分点，是同期全球宏观杠杆率增速的两倍多。截至 2018 年底，我国宏观杠杆率为 243.7%，与美国的水平大体接近。过高杠杆率是金融脆弱性的根源，意味着巨大风险，因此社会上也将高杠杆问题称为“债务灰犀牛”。债务灰犀牛是如何养成的呢？本文将在分析债务水平与分布结构的基础上，指出形成高杠杆的体制原因，进而提出相应的对策建议。

---

① 张晓晶，中国经济 50 人论坛成员，中国社会科学院经济研究所副所长、国家资产负债表研究中心主任。

一、中国的债务水平、结构与风险

从债务水平上看，我国实体经济部门杠杆率不到250%，远高于新兴经济体不到190%的平均杠杆率，接近美国的水平。从这个角度，这只灰犀牛的个头还是巨大的。但从威胁性、危险性来看，灰犀牛的内在结构才更重要。这就是为什么我们需要解剖这只灰犀牛，也就是分析杠杆率的结构及其风险。

从结构上看，2018年居民部门杠杆率为53.2%，企业部门杠杆率为153.55%，政府部门杠杆率为36.95%（见图2.1）。国际比较发现，居民部门杠杆率还相对"正常"，而企业部门杠杆率畸高，政府部门杠杆率偏低。那么，杠杆率的风险到底在哪里呢？

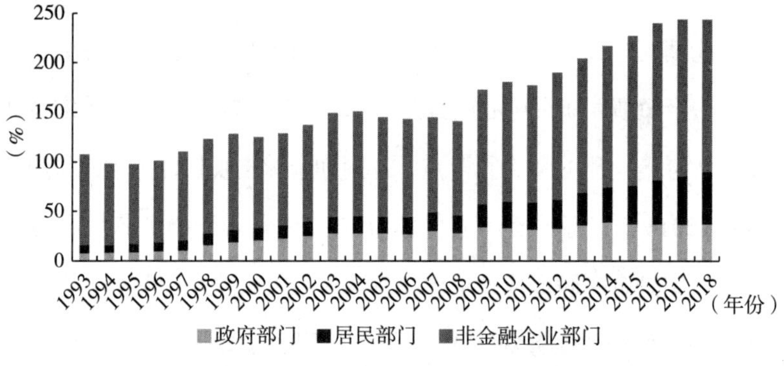

图2.1 实体经济部门杠杆率及其分布

（一）居民部门杠杆率风险

第一，杠杆率增速过快。居民部门杠杆率这些年的快速上升值得警惕。2018年共上升了3.8个百分点。尽管与2016年、2017年分别上升5.8和4.4个百分点相比已经有所放缓，但比起2008—2018年的年平均增幅3.5个百分点，还是要高。不过，这并非中国独有的现象。“二战”后，发达经济体普遍经历了这么一个过程（见图2.2）。美国居民部门杠杆率在20世纪50年代仅为20%，到2008年金融危机前的最高点已接近100%。其中上升最快的一段时间是2000—2007年。2000年美国居民部门杠杆率为69.9%，仅7年时间便上升了28个百分点。而我国目前也正处于杠杆率增速较快的时期，从2008年的17.9%上升至2018年的53.2%，10年上涨了35个百分点，增速与美国2000—2007年相当。

第二，短期消费贷成为变相的抵押贷，加大了风险。2017年以来各地纷纷推出住房限贷政策，银行收紧了房地产贷款额度，批贷周期也相应拉长，这使得部分贷款渠道转向了短期消费贷。短期消费贷缺少实物资产的抵押，银行面临的风险敞口更大。在新一代消费群体借贷意愿增强、互联网金融持续发展、银行零售业务加快转型的背景下，预计短期消费贷仍会保持一定增速。目前来看，在个人贷款总体不良率特别是个人抵押贷款不良率保持较低水平的同时，信用卡不良率和消费金融类贷款不良率相对较高，且未来有可能会持续提升。下一阶段要关注包括信用卡、基于互联网的信用类产品、消费金融类贷款、现金贷等在内的信用类消费贷款的共债与杠杆风险。

第三，较大的贫富差距使得平均意义上的杠杆率不能完全反映实质上的结构性风险。一般寻求消费贷来作为降低首付比例的家庭，其金融资产规模也势必有限。而拥有大量存款类金融资产的家庭，其贷款比例也一定有限。这种因收入与财富差距造成的居民部门内部资产结构扭曲使得平均意义上的杠杆率风险加大。拥有负债的家庭缺少相应的金融资产作为覆盖，一旦其收入流出现问题，就会出现违约风险。

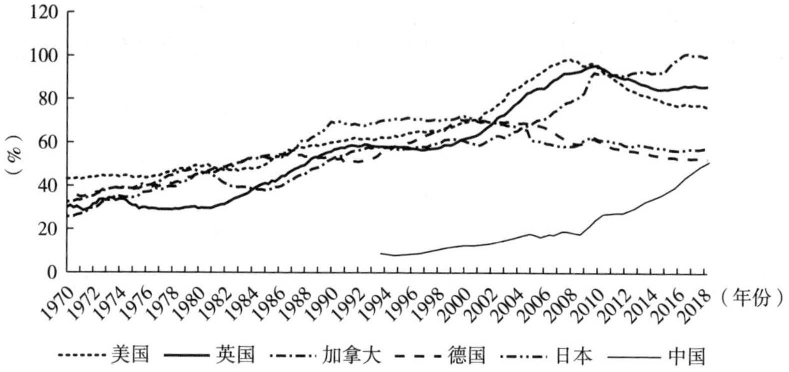

图 2.2　各国居民部门杠杆率

资料来源：国际清算银行；国家资产负债表研究中心。

（二）企业杠杆率风险

非金融企业部门延续了 2017 年去杠杆的势头，企业部门杠杆率由 2017 年的 158.19% 回落至 2018 年的 153.55%，下降了 4.6 个百分点。企业部门杠杆率自 2017 年第一季度达到 161.4% 的峰值后持续下降，当前水平相比峰值时期已下降 7.8 个百分点，除 2019 年第一季度稍有反弹外，下降趋势已保持了 7 个季度。非金融企业去杠杆取得成效，但其贡献主要在民营企业。2018 年，国有企业总负债上升了 16.0%，而民企为主的工业企业总负债仅上升了 2.9%。结果就造成国企债务占整个非金融企业部门债务的比重在不断攀升。根据我们的估算，2018 年国企债务在非金融企业债务中的比例为 66.9%，比 2017 年上升了 5.5 个百分点。比起 2015 年第二季度的较低水平，更是上升了 10 个百分点（见图 2.3）。

尽管我国企业杠杆率水平在全球都是数一数二的，但仔细分析，其中国有企业债务占比超过六成。而这些国有企业债务中，又有一半左右是融资平台债务，这部分是和地方政府有直接关联的。如果扣除融资平台债务，企业部门杠杆率风险也就不那么凸显了。

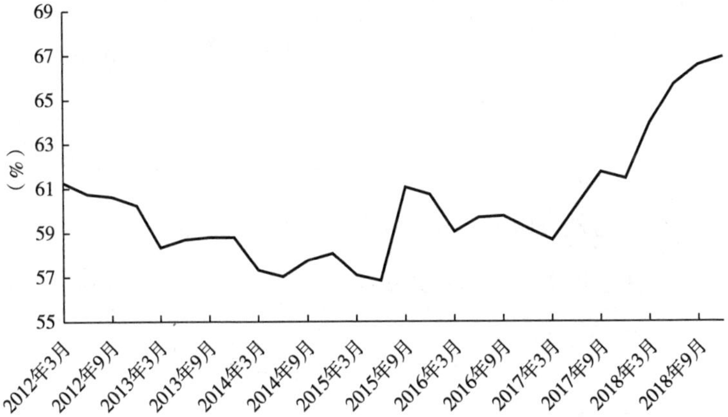

图 2.3　国有企业债务在非金融企业部门债务中的占比

资料来源：中国人民银行、财政部、Wind；国家资产负债表研究中心。

（三）政府杠杆率风险

截至 2018 年，政府总杠杆率从 2017 年的 36.44% 上升至 36.95%，仅上升了 0.5 个百分点。其中：中央政府杠杆率从 2017 年的 16.37% 上升至 16.53%，上升了不到 0.2 个百分点；地方政府杠杆率从 2017 年的 20.07% 上升至 20.42%，上升了不到 0.4 个百分点。无论中央政府还是地方政府，就国际而言，其杠杆率都处在较低水平，但这是指显性的政府杠杆率。如果考虑到地方隐性债务，也就是所谓的预算外债务，这包括传统的融资平台债务，以及后来有所“创新”的政府投资基金、专项建设基金、政府购买服务、PPP（政府和社会资本合作）等新“马甲”，政府部门的债务水平就会很高。根据我们的估算，2017 年预算外债务大约为45.3万亿人民币，占当年GDP的55.2%。如果将这部分隐性债务与政府的显性债务加在一起，政府部门杠杆率会超过90%。我们把国有企业杠杆率与政府杠杆率合计，形成公共部门杠杆率，那么这个数字会达到140%，大大超过私人部门杠杆率（即居民部门加上非国有企业部门，合计为103.9%）。这个现象在国际上是少见的。除了日本，其他国家都是私人部门杠杆率远高于公共部门杠杆率。

综合以上，尽管居民部门杠杆率风险也值得关注，但更大的问题在国有企业与地方政府。而这两个部门的债务攀升有着鲜明的中国特色，是体制性因素造成的。所以说，是传统体制“养成”了债务灰犀牛。

二、传统体制“养成”了债务灰犀牛

强调传统体制是债务积累的主因，并不意味着它们是杠杆率攀升的所有原因。实际上，造成债务积累还有很多其他因素。比如信贷增速、监管严格程度、名义GDP的波动等周期性因素，以及融资结构、要素配置及TFP（全要素生产率）、人口年龄结构与储蓄水平等结构性因素。强调体制性原因，是希望找到高杠杆的根源和解决债务问题的抓手。概括起来，造成中国债务积累与杠杆率攀升的体制性根源在于国有企业、地方政府与金融机构“三位一体”的错综复杂关系。

（一）国有企业的“结构性优势”

作为共和国经济的支柱企业，国有企业一直以来承担着很多社会责任并享有特别的“结构性优势”。这个责任，就是需要实现社会性目标，既包括承担坚持基本经济制度、社会主义方向这样的宏大任务，也包括稳定宏观经济、实现社会公平、保障经济安全等方面的具体责任。正因为这样的重大责任，才使得国有企业可以在税收、信贷、市场进入、产业政策等方面享有特别的优惠政策，尤其是国有企业的软预算约束及政府对之的隐性担保（软预算约束与隐性担保或许可以看作一个硬币的两面，两者是相互支持和加强的）。以上这些恰恰是其他市场主体所不能够享有的“结构性优势”。值得一提的是，国有企业不仅在市场进入方面得到特殊照顾（比如获得优先的垄断地位），在市场退出方面更是享有诸多保护。目前大量僵尸国有企业仍然未能退出市场，根本就在于体制惯性让其享受到“铁帽子王”的待遇，可以在强制性的市场出清过程中获得“免死金牌”。

（二）地方政府的发展责任与软预算约束

地方政府肩负着发展地方经济的艰巨任务，特别是在地方基础设施建设等方面，负有不可推卸的责任。虽然一些社会基础设施（如医疗、社保等）现在正处于细分中央地方事权的时期，情况或有改观。但过去很长一段时期，包括未来一段时期（在新的改革方案未落地之前），地方政府要承担的责任还是非常多的。而这些责任（或事权），往往都是需要中长期融资来支撑的。中长期融资一直以来是市场无法很好解决的领域，地方政府需要找到自己的办法来解决。根据我们的估算，基建投资中，15% 左右的资金来自预算内，5% 左右来自政府性基金（主要是地方政府卖地收入），其余部分则来自社会资本。而这部分社会资本或多或少都会涉及地方政府的隐性债务，或是 PPP 形式下的优先受益权，或者来自地方政府融资平台的投资，甚至部分直接来自地方政府提供了隐性担保的资金。于是我们看到，地方政府的显性债务是压住了，但地方政府隐性债务却一路攀升。

（三）金融机构的体制性偏好

正是金融机构的体制性偏好即国有偏好，才使得国有企业与地方政府的“任性”扩张能够顺利实现。这里的“国有偏好”是指对于国有企业与地方政府的偏好，它可以看作是传统所有制歧视的延伸。而这种国有偏好，本质上是金融机构对于拥有国资或政府背景的投融资项目所产生的隐性担保和刚性兑付的幻觉，也是对于它们所谓结构性优势的依赖。这是体制所内生的。尽管当前的金融体系已经不完全是国有一统天下，市场化的金融机构也不断成长起来，但即便这些非国有的金融机构，也会惯性地产生政府兜底幻觉。这表明，隐性担保与刚性兑付已经根深蒂固，成了一般市场活动的前提，甚至成为不容置疑的潜规则。这样一种“体制保障”，实质上是在道义上对政府的“绑架”。有了这样的“体制保障”或潜规则，“欠债还钱”的市场铁律就会被打破，道德风险就会产生，而金融资产（信贷资源）的定价就会产生扭曲，由此带来的金融资源配置也会产生低效和扭曲。

通过国际比较，对于中国高债务形成的体制性原因我们可能会有一个更清醒的认识。这里以高居全球之冠的企业部门杠杆率为例。不少学者指出间接融资为主的金融结构是导致我国企业部门杠杆率畸高的重要原因。但与英国、美国、日本和德国比较发现，融资结构恐怕还不是主因。一般认为英国和美国是以市场为主导的金融体系，而日本和德国是以银行为主导的金融体系，接下来的推论就是，日本和德国企业的杠杆率高而英国和美国企业的杠杆率低。但实际情况并非如此。截至2017年底，德国企业部门杠杆率仅为54.4%，而英国、美国却分别为83.8%与73.5%。再进一步，如果以企业债务占实体经济部门总债务的比重来看，日本、德国、英国和美国基本是在30%的水平上。相比而言，2017年中国企业债务占比为65%（2018年为63%），是发达经济体的两倍多。如果将部分国有企业债务（主要是融资平台债务）归到政府部门，则我国企业杠杆率和发达经济体的企业杠杆率就基本持平了，并不“反常”。可见，我国企业杠杆率高关键并不在融资结构，问题出在体制上。第一，央行的货币政策缺乏独立性和约束性。德国不仅企业部门杠杆率低，总杠杆率也低。2017年，德国实体部门杠杆率仅为177%，而美国、英国与日本分别高达253%、283%和373%。德国总杠杆率远低于美国、英国与日本，原因可能是多方面的，但一个非常重要的因素在于德国实行反凯恩斯主义的宏观政策，即所谓奥尔多自由主义，严格奉行规则导向、反通胀，而不是凯恩斯主义的货币扩张。相反，我国货币政策独立性还不强，央行政策是相机抉择，比较难于管住信贷闸门，而这是高杠杆的源头。第二，政府与企业之间剪不断理还乱的关系。国有企业与地方政府缺乏预算硬约束，再加上中央政府的兜底（隐性担保），从而导致国有企业和地方政府“不负责任”地铺摊子。第三，缺乏有效的破产机制。OECD（经合组织）最新的研究表明，破产机制有利于减少沉淀在僵尸企业中的资本存量。而在中国，大量僵尸国有企业的存在，原因就在于破产机制还不健全。

客观地说，国有企业的“结构性优势”、地方政府的发展责任与软预算约束，以及金融机构的体制性偏好，这三者的相互配合和加强，尤其是其中所体现的政府主导、政府意志和战略安排，曾经是中国经济快速增长的重要法宝。但必须清醒地看到，这同样也是当前杠杆率攀升与风险积累的体制根源。

三、“稳中求进”应对债务灰犀牛

自2015年中央提出降杠杆目标以来，对于高杠杆的成因以及去杠杆的方案，可以列出一份长长的清单。现在的问题不在于方案少而是方案过多。怎样在这些貌似都非常正确的方案中抓住主要矛盾，找到关键抓手，从而有针对性地、高效地解决问题，是政策当局所面临的严峻考验。我们强调高杠杆率形成的体制原因，就是为应对杠杆率攀升找到实际的抓手，因为有效抑制债务的快速积累必须从体制改革入手。

不过，改革、发展、稳定需要统筹考虑。我们既需要推进体制改革，从而在源头上解决问题，又需要宏观稳定来创造改革的大环境。当前面临着内外部冲击，以及下行压力加大、增长前景不确定性的挑战，更需要在稳杠杆与稳增长之间取得平衡。因此，就应对债务灰犀牛而言，要坚持“稳中求进”总基调，不可操之过急。

（一）“稳”字当头，强调的是稳杠杆

稳杠杆才能稳住总需求。2019 年仍面临诸多不确定性，稳增长是重要政策目标。相应的，稳杠杆就非常有必要，因为稳住总杠杆才可能稳住总需求。中央提出结构性去杠杆和稳杠杆，一个基本要求就是实体经济总杠杆率要保持稳定。与此同时，将去杠杆的重点放在国有企业与地方政府。于是，企业部门与政府部门的杠杆率都是处在严控的范围，最好是只降不升，结果就只有通过居民部门杠杆率上升来维持总杠杆率的相对稳定。2018 年的杠杆率数据就是很好的印证：非金融企业部门杠杆率比 2017 年下降了 4.6 个百分点；政府部门杠杆率微升 0.5 个百分点，而居民部门杠杆率则比 2017 年升了 3.8 个百分点。

稳杠杆需要在政策上做出调整。也就是说，不能再仅仅由居民部门来支撑杠杆率“不倒”，政府部门也需要发力。这不仅是因为居民部门杠杆率已经偏高且增速过快，风险在上升，还因为政府部门加杠杆有能力、有必要。目前中央政府的杠杆率非常低，2018 年仅为 16.5%，具有很大的政策空间，并且中央政府信用高，发债成本低（远低于一些融资平台的成本）。因此，中央政府要加杠杆。对地方政府而言，也要提高一般债务限额与专项债务限额，这不仅是用于弥补当年的财政收支缺口，还要将原来的部门隐性债务（已经划归企业部门的融资平台债务）通过债务置换等方式将其“阳光化”、显性化，毕竟很多融资平台债务支持的都是公益性与准公益性项目，本属于政府职责范围。同时，地方隐性债务显性化也有利于监管与风险处置。因为如果是隐性的，职责权限不清，处在灰色地带，往往会产生道德风险甚至滋生

腐败，不利于风险管理。

稳杠杆需要把握好监管政策。特别是要接受2018年的教训，不能多部门政策叠加，要防止出现处置风险的风险。由此来看金融监管，恐怕要把稳增长放在重要位置，充分考虑政策发布的时机和节奏，正确看待影子银行在正规金融体系之外的有益补充作用。

（二）突出“进”字，强调供给侧结构性改革

包括两方面内容，即一般性供给侧结构性改革和金融供给侧结构性改革。

一般性供给侧结构性改革针对的是体制上的“大毛病”“总毛病”，主要有三点：第一，稳步推进破产重组，让市场清理机制发挥“强制性”作用。这包括推进国有企业的破产重组和清理僵尸企业。同时，对债务问题较为严重的地方政府进行债务重整，形成较强的外部压力。在此过程中，要有其他保障性政策形成配套，减少破产重组带来的社会震荡。第二，硬化国有企业与地方政府的预算约束，破除政府兜底的幻觉。无论是国有企业还是地方政府，核心是要在现代企业制度及现代治理框架下建立起规范的行为模式和激励约束机制，弱化扩张或赶超冲动，打破刚性兑付、破除隐性担保，硬化预算约束。国企或地方政府不能在去杠杆过程中享受“特别照顾”，或以种种理由请求“豁免”。事实上，只有市场经济规则的硬约束以及中央政府兜底幻觉的消除，才能够真正地让市场在去杠杆过程中发挥决定性作用。第三，突出竞争中性，纠正金融体系的体制性偏好。金融体系的体制性偏好，恰恰反映出它是风险规避的。正是认识到给国有企业或地方政府融资，

一定会获得政府担保的“加持”，在信贷投放过程中才会产生歧视和偏向。未来看，必须突出竞争中性，即无论什么性质的企业，它在获得金融信贷方面待遇应该是平等的。最终的平等尽管难以做到（这与企业的规模等因素有关），但至少在法律法规上要建立这样的平等意识。中办国办发布的《关于加强金融服务民营企业的若干意见》就是在努力纠正金融体系的体制偏好。

金融供给侧结构性改革针对的是局部的，主要是金融领域的问题，涉及五个方面：第一，有利于杠杆率的优化配置。金融供给侧结构性改革强调金融机构对中小微企业的服务，适当增加对中小微企业的信贷服务力度。在控制国企和地方政府杠杆的同时，对民营企业和中小微企业适度加杠杆，有利于优化杠杆率的配置，实现结构性去杠杆目标。第二，降低债务融资占比。金融供给侧结构性改革的一项重要工作是大力发展多层级的资本市场结构，提高直接融资占比。目前直接融资整体规模有限且结构较为单一，发展直接融资有利于缓解由于清理影子银行所造成的金融供给缺口，提高股权融资比例，加强市场在金融资源配置中的作用，降低债务融资比，有利于抑制杠杆率的攀升，稳定宏观杠杆率。第三，促进实体经济融资成本下降。金融供给侧结构性改革的一项重要任务是金融行业自身的结构优化，降低由于各类套利所产生的无效产能。产能出清有利于降低金融业增加值占比，使实体经济融资成本下降，缓解整个经济体的还本付息负担，缓解杠杆攀升压力。第四，增强金融体系稳定性。杠杆的最大风险在于其面临违约时所产生的冲击及传染效应，因此采用大数据和其他金融科技手段将有利于更有效地控制与降低违约风险和金融传染。在相同的宏观杠杆率水平下，宏观金融稳定性更强。第五，有利于经济持续稳定增长。金融供给侧结构性改革的最终目的是让金融更好地服务实体经济，推动经济的持续稳定增长。这将使得宏观杠杆率的分母即GDP维持一个相对较快增速，从而带来杠杆率的稳定甚至下降。

把地方政府债务关进制度笼子：结合日本经验的探讨

李扬[①]

2018 年以来，随着外部环境日趋严峻复杂，增长下行压力进一步增大，我国的经济形势稳中有变、变中有忧。实体经济领域的变化折射在金融领域，便是金融风险进入多发、频发期，且有系统化蔓延的趋势。其中，地方政府债务问题尤为突出，并被国内外研究者视为中国债务问题中的最大隐患。

我们认为，中国地方政府债务问题本质上是一种体制现象。一方面，它反映了地方政府积极作为，在中国社会主义市场经济发展进程中具有不可或缺的重要作用，因而成为中国经济增长奇迹的重要秘诀之一。另一方面，它反映了中央和地方财政关系存在扭曲的现象，集中体现了地方政府的事权和财权严重不相匹配的事实。

因此，为了打好防范和化解金融风险的攻坚战，我们必须认真研究中国的国情，同时借鉴其他国家的成功经验，完善体制机制，将地

① 李扬，中国经济 50 人论坛成员，国家金融与发展实验室理事长、中国社会科学院学部委员。

方政府的债务“关进制度的笼子里”。从2018年开始，我们就对国外地方政府债务管理的体制机制进行了系统研究。通过比较，我们认为日本在21世纪以来的地方政府债务管理经验和制度安排，值得我们借鉴。

一、地方政府债务是体制现象

地方政府积极发挥作用以及地方政府之间展开竞争，是迄今为止“中国经济增长的秘诀之一”。可以说，地方政府积极作为，则经济增长迅速。地方政府懒政、怠政，则经济增长迟缓。这是被七十年中国经济发展史反复证明的事实。

根本的原因在于，中国的各级地方政府不仅扮演着对地方经济发展“积极干预者”的角色，而且扮演着准公司的角色。一方面，它们通过调控土地价格、变相减免税费、政府信誉担保等方式，影响、干预和引导辖区内经济主体的投资行为，吸引区外投资，间接实现其发展本地经济的目的。另一方面，它们又直接出资设立企业或诸如城市建设投资公司等投资平台，参股金融机构，进行地方企业建设、城市基础设施建设和房地产开发，直接参与地方经济建设。

应当看到，新中国成立七十年来，中国基本上都处在工业化和城镇化的过程之中。客观地说，围绕工业化和城镇化所发生的投资和各类经济活动主要发生在地方层面。然而，中国的资金，无论是财政资金还是金融资金，大都集中在中央。地方政府严重缺乏资金来源，这使得它们在财政上严重依赖上级政府（特别是中央政府）的转移支付，在金融上则严重依赖各类金融机构和各类融资平台。

最近，习近平总书记在论及金融供给侧结构性改革时，再次谈到了要“发挥投资的关键性作用”问题，而在这篇重要讲话中，他列举的一系列需要重点关注的投资项目中，除了制造业技术改造和设备更新，5G的商用化，人工智能、工业互联网、物联网等新型基础设施建设之外，其他类如“加大城际交通、物流、市政基础设施等投资力度，补齐农村基础设施和公共服务设施建设短板，加强自然灾害防治能力建设”，都需要公共投资。而这些投资的大部分，依然集中于地方政府层面。这就使得解决地方政府融资问题，更有了一层应对经济下行的意义。

分析历史，我们看到，中国地方政府债务问题自1979年开始出现。从一开始，它就同地方政府广泛兴办企业、投资地方基础设施、直接从事投资活动，以及配合国家宏观调控等行为密切相关。但是，在不同时期，随着国家整体经济管理特别是中央和地方政府间财政关系的不断调整，地方政府为上述活动筹资的主要渠道和方式是有所变化的。1994年税改之前，地方政府吸引资金、发展本地经济的主要措施是滥施税收优惠。1994年税改之后，其施惠和筹资的重点转到“摆布”各类费用上。20世纪90年代末期土地使用制度改革之后，用各种方式收取土地出让金，逐渐成为地方政府筹措发展资金的主渠道。2008年以来，在上述手段均不再奏效之后，地方政府看中了融资平台。如今，这条渠道虽受到约束，但依然可以说是方兴未艾。更值得注意的是，每当经济形势发生不利变化，需要采取“逆周期”宏观调控措施时，地方政府总是首当其冲。在高达数十万亿的地方政府债务存量中，大约有40%是配合国家宏观调控政策而被动产生的。

简言之，从体制上说，地方政府的债务问题，体现的是广大地方政府的事权和财权严重不匹配的体制扭曲。问题恰恰在于，我们并没有充分认识到地方政府积极行为的必然性和重要性。迄今为止，地方政府的负债行为，多被从负面认识。2015 年以来针对地方政府债务采取的措施，多属“不得已而为之”。我们并没有充分认识到，从体制和机制上为地方政府融资和债务提供法律保障，已经关系到社会主义市场经济运行的制度安排。

我们以为，解决地方政府债务问题的根本出路，在于为其提供一套稳定的制度安排，即将地方政府债务关进制度的笼子中。它包括相互关联的三个环节：第一，实事求是地确认并科学厘定地方政府所应承担的事权；第二，实事求是地为其完成这些事权提供稳定、透明、可持续的资金支持；第三，将上述安排用法律的形式予以确定，并严格执行。

二、管理地方政府债务：日本三十年来的经验

日本解决地方政府债务问题的一系列举措，值得我们学习、借鉴。

20 世纪 90 年代房地产泡沫破灭之后，日本经济陷入长期萧条，人们习惯将之称为“失去的 30 年”。经济的长期萧条，使得日本的私人部门——企业和居民——支出严重不足，从而积累了大量的不用于投资的储蓄。众所周知，私人部门的储蓄形成国民经济循环的“漏出”，这些“漏出”若不能重新注入经济循环之流，国民经济增长便会陷入长期低迷甚至萎缩。

面对这种状况，日本各级政府采取了以扩大政府投资为主要内

容的“积极的”财政政策，其主要特点就是：包括中央及地方在内的各级政府，长期、持续、大规模地安排公共投资，并通过发行政府债务的方式从居民手中吸收储蓄，提供资金支持。这就形成了20余年来日本经济特有的一种宏观平衡格局：一方面，政府财政赤字日益增大，使政府债务不断增长，另一方面，居民和企业等私人部门长期保持着较高的储蓄率，并主要以投资政府债券的方式来保有这些储蓄。图2.4展示了20世纪90年代以来日本中央和地方政府的债务情况。

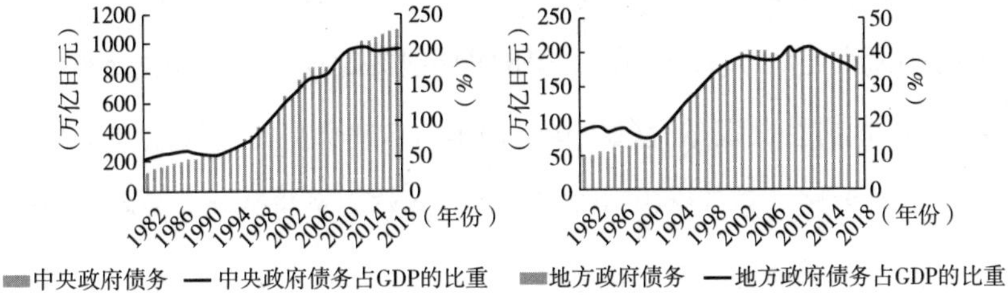

图2.4　日本中央和地方政府债务及其占GDP比重

众所周知，不管实行何种体制，地方政府课税和收费的手段都是有限的。而且，由于地方政府不拥有货币发行权，其债务规模的增长更受到较强的预算约束（包括债务上限的约束）。这一约束一旦被突破，便会导致政府财务危机，在极端情况下，则会造成地方政府破产。由于20世纪90年代以来地方政府为振兴本地经济、扩大投资并竞相借款，这种极端情况在21世纪初的日本果然就发生了。为了避免发生更大的危机，经过长期的讨论和充分的准备，日本于2009年4月颁布实行了《地方政府财政健全化法》，旨在严密监控地方政府财政健康状况并制度化地处理地方财政危机。该法的主要内容有三点：第一，地方政府财政指标的设定；第二，地方政府财务状况的划分；第三，不同财务状况下可采取的相关措施。此法颁行后，来势汹汹的地方政府债务危机被遏制，并逐渐走上可控轨道。得益于“把债务关进制度的笼子”，日本的中央政府和地方政府均已度过债务风险的高峰期，其杠杆率自 2015 年起逐年下降。

在《地方政府财政健全化法》的框架内，日本地方政府筹集债务资金的来源是多样化的，但主要是四个来源：中央政府的财政融资资金、地方公共团体金融机构资金、市场公募资金、银行等金融机构承兑资金。

中央政府的财政融资资金是指财务省在财政融资资金特别账目中发行国债代为地方政府筹资。2018 年该项资金占地方政府融资来源的 24.1%。地方公共团体金融机构是由地方政府共同出资设立的金融机构，它在市场上发行机构债进行融资，并将资金贷给地方政府。2018 年该项资金占地方政府融资来源的 15.3%。市场公募资金是指地方政府直接向市场发行债券进行融资，2018 年占比为 32.8%。银行等金融机构承兑资金，是指地方政府从指定金融机构进行借款，2018 年占比 27.8%。2018 年日本地方政府融资结构可见图 2.5。

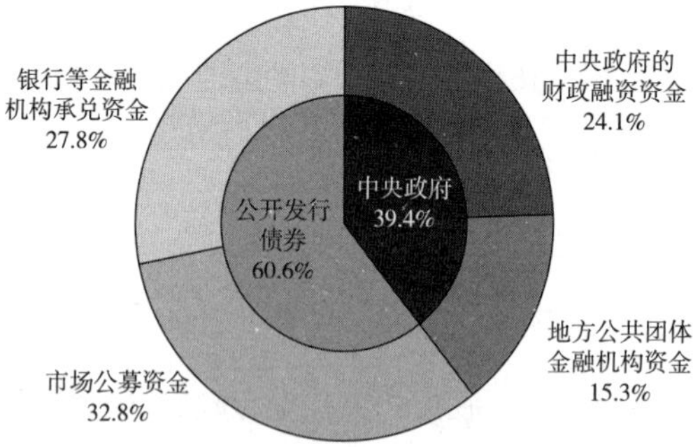

图 2.5　2018 年日本地方政府融资结构

值得注意的是，与所有发达经济体不同，在日本地方政府债务融资的来源中，间接融资发挥了主导性作用。这一特征的表现有两点：第一，银行等金融机构以承兑的方式直接为地方政府融资；第二，更具开创性的是，在日本，为了方便地方政府融资，专门成立了一家独特的机构——地方公共团体金融机构。地方公共团体金融机构是由地方政府共同出资所有，专门为地方政府提供长期廉价融资的金融机构，其金融属性与银行类似。在负债方（资金来源），它通过向市场发行债券筹集资金。在资产方（资金使用），它则向地方政府提供贷款。地方公共团体金融机构的运作模式如图 2.6 所示。

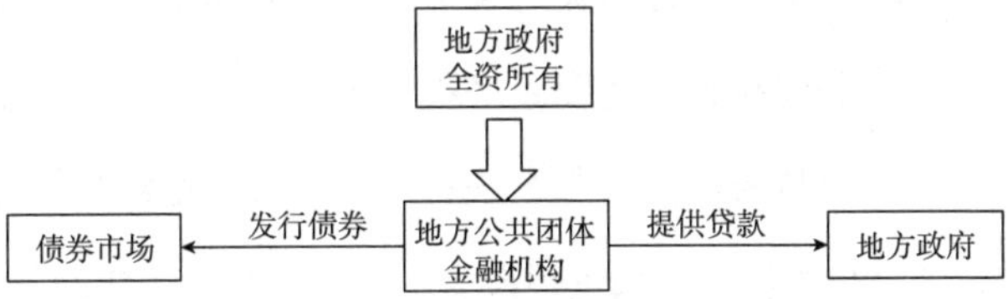

图 2.6　地方公共团体金融机构的运作模式

三、日本的经验值得借鉴

我们认为，日本地方政府的融资安排非常值得中国借鉴，有五个原因：第一，我国经济目前面临的局面与 20 世纪 90 年代的日本十分相似，即广大企业信心不振，从而导致国内需求严重不足，同时私人部门保有很高的储蓄率。第二，中日两国政府遇到的问题也相似，即鉴于私人部门需求不足，必须由中央和地方等公共部门出面进行大规模公共投资，以弥合需求缺口。第三，在历史上，地方政府的赤字即赤字融资一直受到限制。一旦为了调控经济，需要地方政府积极作为时，在一段时期内，都存在地方政府融资规模迅速增大且难以控制的问题。第四，与欧美发达经济体不同，我国和日本都属于单一制的国体，因而可以从国家总体出发，而不是依赖高度分权的多级政府结构“各自为战”，寻求解决方案。第五，同样与欧美发达经济体不同，我国和日本的金融体系都以间接融资为主，这决定了几乎所有的金融安排，特别是环绕政府的融资安排都离不开银行的积极作用。

在地方政府融资制度方面，中国可以向日本学习三点。

第一，从法律框架上说，中国属于单一制政府，地方政府接受中央政府领导，中央政府自然也对地方政府的债务负有担保和最终清偿责任。因此，我们不可能像欧美国家那样，建立基于各级地方政府高度自治的分层次制度结构，而应当借鉴日本的经验，建立一套全国统一的系统，由中央政府统一规范、统一政策、统一组织，并施以统一监管。在这个总体安排下，根据情况，给予地方政府一定的自主权。

第二，我国的金融体系以银行间接融资为主，因此，我们不可能离开银行及各类金融机构来安排地方政府的债务融资。虽然，在2017年底，我国地方政府债务名义上已经没有了来自银行的资金支持（图2.7）。但是，“撩开面纱”即可看到，地方政府债务的86%实际上还是由各类金融机构持有，远高于日本的水平。但问题在于，银行等金融机构为地方政府融资存在着制度性障碍，只能“绕道而行”，这就使得地方政府融资平台大行其道，而且，这些融资平台几乎都是借道银行为地方政府融资。这是一种效率极低、极不透明、蕴含大量风险的“掩耳盗铃”式的制度安排。我们应当借鉴日本经验，“撩起面纱”，在制度上明确规定银行等金融机构可以为地方政府融资。同时，借助银行严格的风险管理的框架，对地方政府债务实施严格监管。

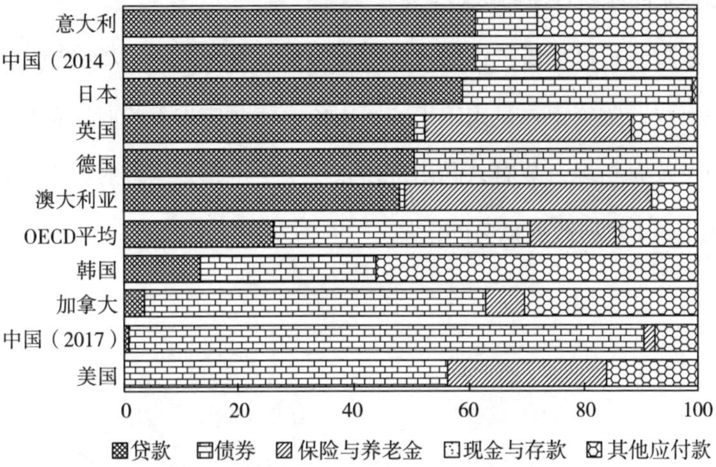

图 2.7　若干国家地方政府债务的融资结构

第三，可以成立一个类似日本地方公共团体金融机构的、专业化的、政策性的金融机构，专事为地方政府融资。在这种制度安排下，我们可以借鉴日本的经验，通过公开透明的融资机制，对地方政府债务实施科学管理。也可以通过改造若干现存机构或赋予现存机构新职能的方式，来落实这一制度安排。

设置这种机构具有三方面优势。

首先，促进地方政府债务融资的多元化。地方政府融资银行可为地方政府提供长期稳定廉价的资金，提高地方政府融资资金的可得性和可负担性。同时也为债券市场提供由中央政府信用背书的长久期债券，从而也有深化资本市场的作用。

其次，新设立的金融机构通过发行机构债进行融资，并向地方政府提供相对长期的贷款，以此来实现期限匹配。这样就有效地解决了金融体系内严重存在的资产负债表匹配失衡问题，从而大大降低我国金融体系的系统性金融风险。

最后，用机构债替代部分地方政府债，有更强的市场吸引力。无论地方政府融资银行是由中央政府出资，还是由地方政府出资抑或是由中央政府与地方政府共同出资，它们事实上都是由政府背书的，这无疑降低了地方政府债务的风险。

中国股票市场的五个不足

李波[①]

习近平主席在2015年接受《华尔街日报》书面专访时提出“发展资本市场是中国的改革方向”。党的十九大报告明确提出“提高直接融资比重，促进多层次资本市场健康发展”。2019年2月22日，习近平总书记在主持中共中央政治局集体学习时强调“要建设一个规范、透明、开放、有活力、有韧性的资本市场，完善资本市场基础性制度，把好市场入口和市场出口两道关，加强对交易的全程监管”。股票市场是资本市场的重要组成部分，关系到优化融资结构、降低企业杠杆率、支持创新型企业、维护金融稳定等多项改革发展措施的成败，必须花大力气发展好。

2019年1月，国际清算银行全球金融体系委员会发布研究报告《构建有活力的资本市场》。该报告由中国人民银行和印度央行联合牵头、16家央行参与完成，对主要国家发展资本市场的经验和教训进行了总结，分析了资本市场八个方面的驱动因素，提出了六个方面的政

---

① 李波，中国经济50人论坛成员，中华全国归国华侨联合会副主席。

策建议。参考这一研究报告，对照国际上比较成熟的股票市场，目前我国股票市场仍然存在五个方面的不足。

第一，市场自治不足。过去 40 年全球金融市场自治不断深化，但相较于发达经济体，新兴市场特别是发展中经济体的金融压抑（政府不当干预）仍然较多（见图 2.8，左图），例如对 IPO（首次公开募股）发行的“父爱主义”管制等，相应的金融扭曲也比较多。比较来看，中国的金融压抑程度不仅高于发达经济体，也高于很多发展中经济体。相关学者根据世界银行数据测算的金融压抑指数表明，近 30 年来中国的金融压抑指数有较为明显的下降，这说明金融体系的市场化进程一直在推进，但在 2015 年有数据的 130 个国家中，中国的金融压抑指数仍然排在第 14 位（表明政府不当干预较多），明显高于其他中等收入国家甚至低收入国家的平均水平（见图 2.8，右图）。

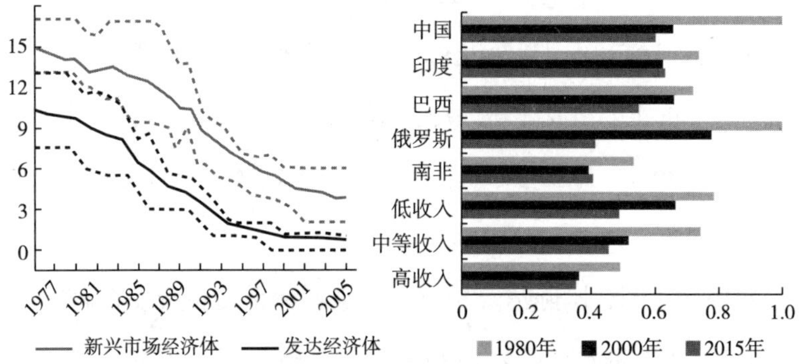

图 2.8　金融压抑指数

第二，投资者保护不足。从国际上看，对资本市场（尤其是股票市场）投资者的保护主要通过两个渠道：司法救济和监管措施。中国股票市场投资者的司法救济明显不足，许多中小投资者在权益受到损害后，面对烦琐和昂贵的诉讼程序，往往难以通过诉讼维权，而诉讼成功的案例则更少。同时，证券监管存在错位，侧重管控 IPO 的数量、节奏和定价，而对虚假陈述、内幕交易、操纵市场等伤害投资者（尤其是中小投资者）行为的监管和打击力度不足。根据世界经济论坛对主要经济体的证券监管评分（2008—2018 年均值），中国的证券监管得分较低（在 33 个主要经济体中排在第 29 位），国内股票市场规模（股市市值与 GDP 的比值）也比较小（相对于 GDP 规模而言，中国股市的规模在 33 个主要经济体中排在第 25 位，属于股市规模较小的国家之一）。图 2.9 显示的是股票市场规模与证券监管有效性之间的关系。

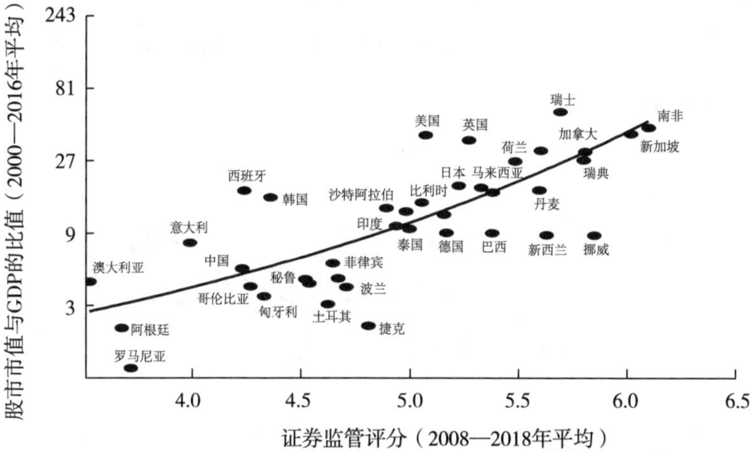

图 2.9　证券监管评分与股票市场规模

第三，长期稳定的机构投资者占比不足。资本市场发展与机构投资者深度密切相关（见图 2.10a）。养老基金、保险公司和部分共同基金的投资期限长、杠杆率低，可以为资本市场发展提供长期有效的资金，而且这些机构投资者通常具有更高的信息披露标准，有利于减少信息不对称、加强投资者保护。许多资本市场规模较大（相对于GDP）的经济体（包括美国、英国、智利、南非等），都有相当规模且较为成熟的养老基金、保险公司或共同基金等机构投资者，且这些机构提供的产品（包括年金、人寿险、基金产品等）大多与养老保障有关。中国股市的投资者中散户占比较高，且普遍投机心理较重，一部分机构投资者也以短线炒作为主，价值投资式的长期持股不多。虽然近年来我国机构投资者队伍有所壮大，但是相比大部分主要经济体，我国养老基金等长期投资者持有的资产规模明显偏小（相对于 GDP 规模，中国机构投资者持有资产规模在 22 个主要经济体中排第 18 位），中国资本市场（尤其是股票市场）规模（相对于 GDP）不仅小于美国、英国等发达经济体，也小于智利、马来西亚等部分新兴市场经济体（见图 2.10b）。

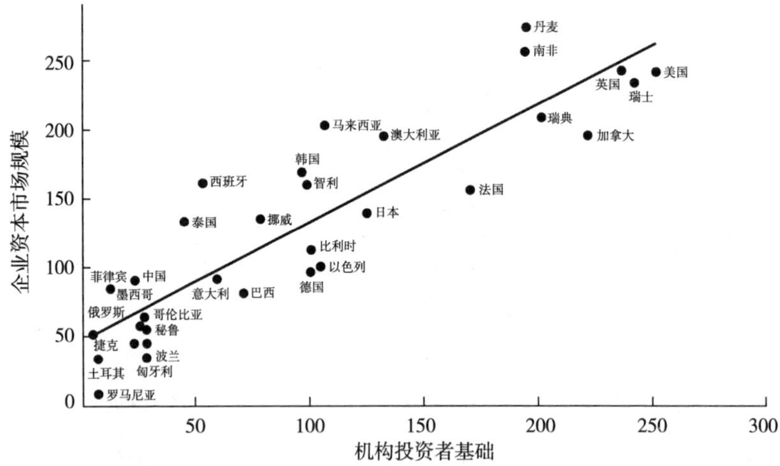

图 2.10a　企业资本市场规模和机构投资者基础

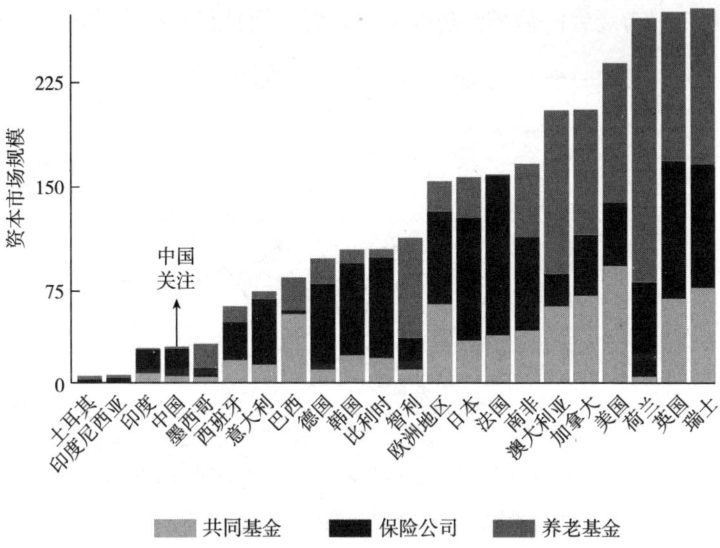

图 2.10b　机构投资者持有资产总额（与 GDP 比值，%）

第四，对外开放不足。研究表明，一国资本市场的双向开放可以为该国带来诸多好处，包括降低融资成本、提升国内市场流动性和深度、促进国际最佳实践和标准的实施等。全球金融体系委员会针对资本市场的调查问卷结果显示，大约四分之三的受访机构认为，外国投资者和募资企业的增加将显著改善国内资本市场的融资成本、流动性、发行量和发行期限。同时，相关学者的研究也表明，允许国内投资者、募资企业、证券机构“走出去”可以显著促进国内市场与国际市场在规则、标准和效率方面的良性竞争和优化趋同。与发达经济体相比，新兴经济体资本市场的对外开放程度明显不足。例如，与外国投资者持有的股票和投资基金占比（中值）相比，新兴经济体低了约 20 个百分点（见图 2.11）。近年来，中国股票市场对外开放取得了一些进步，主要体现在二级市场引进境外合格机构投资者方面，但与发达经济体和主要新兴市场经济体相比还有明显差距，而且在我国股票市场投资者“走出去”和一级市场双向开放方面还存在明显不足。

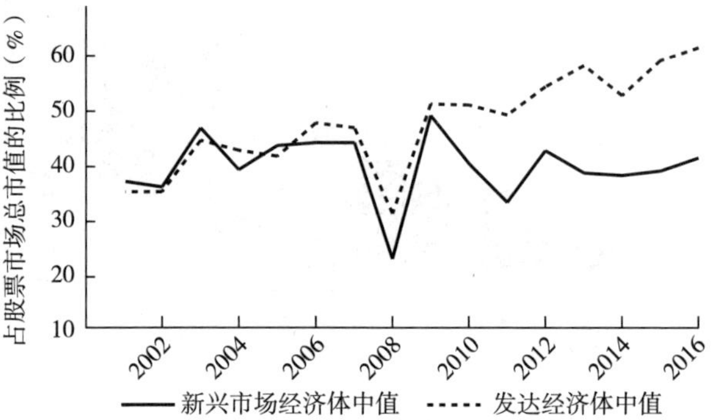

图 2.11 非居民持有的股票和投资基金比例

第五，区域性股票市场发展不足。目前中国的股票市场结构层次较为单一，主要依靠上海和深圳两个主板市场为大中型企业提供上市融资服务，区域性股权交易市场的发展滞后。虽然近年来初步建成了一些区域性股权交易市场，但普遍存在管制过严、流动性匮乏、交易规模小且效率低等问题。中国规模巨大，不少省区的面积、人口和经济体量都相当于一个中等规模国家甚至一个大国，各地直接融资需求旺盛，因此需要有一些区域性资本市场（尤其是区域性股票交易市场）来满足更多直接融资的需求，且地区之间适度的规则竞争也有助于促进规则优化和市场发展。

针对上述五个方面的不足，我们对中国股票市场改革发展提出六点建议。

第一，减少行政干预，给予市场充分的自治空间。对政府职能要有清晰的定位，哪些该管、哪些不该管。该管的要管好，不该管的要放手。如果定位出现差错,就容易干预过多,形成金融压抑和市场扭曲。证券监管的核心是确保及时、准确、完整的信息披露，而不是通过维护股指虚高或控制 IPO 数量来保护投资者，应尽快全面引入以信息披露为核心的股票发行注册制改革。同时，对于违反信息披露规定的主体要加大打击力度，包括投资者诉讼和监管打击。

第二，借鉴“集团诉讼”机制，扩大投资者司法救济渠道。司法救济是加强投资者保护的重要渠道。可以借鉴美国的集团诉讼（代表人诉讼）制度，进一步扩大我国司法救济的可得性和便捷性。涉及股票市场的案件可能有成千上万的受害人，但按照集团诉讼（代表人诉讼）机制，只需要一个或几个代表提起诉讼并出庭，其他人不用出场，也不用以任何形式参与，甚至不用知道案件的存在，即适用“明示退出”(而不是“明示加入”）规则,最终判决结果自动适用于所有受害人。由于诉讼成本由所有受害人分担，损害赔偿总金额又常常因为受害人众多而巨大，这一机制有助于解决“维权难、告赢更难”的问题，扩大司法救济渠道,降低投资者维权成本,同时有利于提高违法违规成本,加大对股票市场违法违规行为的震慑。

第三，增强监管独立性，增加监管资源并提高监管执行力。证券监管部门缺乏独立性，容易面临各方面利益掣肘和牵制，导致监管部门目标多元化，引发过多的行政干预和市场扭曲。要推动证券监管回归本源，就需要提升监管部门独立性，给予监管部门充分授权。除每年定期向国务院汇报工作外，应允许证券监管部门在建立治理机制的基础上独立决策证券执法问题，不断探索完善符合股票市场特性的监管机制，这样才能保障其依法做出合理的监管决策。同时，还要给予证券监管部门充足的人力和其他资源来履行相关职责，提高监管执行力。比如，监管部门要有充足的符合职业素养要求的执法人员，这样才能保证其及时有效地查处虚假陈述、内幕交易、操纵市场等违法违规行为。

第四，大力推进养老保障体制改革，培养长期稳定、有深度的机构投资者。要推动我国的养老保障第一支柱（强制性养老金）实现三个转变，即从现收现付转向预筹积累、从受益基准转向供款基准、从名义个人账户转向做实个人账户，同时大力推动养老保障第二支柱（企业年金）和第三支柱（自愿型个人养老储蓄）的发展。要充分调动地方政府的积极性，允许各省先行先试、摸索经验、适度竞争、优化趋同。各省在转向预筹积累和做实个人账户的过程中，可以确定一批有资质的资产管理机构（养老金管理机构、基金管理公司或保险公司）以及合格的投资产品（包括合格的股票型基金和债券型基金）清单，由居民个人从中选择中意的机构和合格的产品来管理自己的养老金，逐渐将这些资产管理机构培育成为资本市场（包括股票市场）重要的机构投资者和稳定力量。

第五，推动股票市场全方位、双向开放。推动股票市场全面开放，不仅有利于培育多元化投资者和募资企业基础，同时有利于形成一个境内外市场良性竞争、共同发展的格局，推动国内规则与国际先进规则的有效接轨。股票市场开放应该是双向的，不仅包括“引进来”，还要允许“走出去”。不仅要推动二级市场开放，还要开放一级市场（包括 IPO 市场）。还需注意的是，股票市场开放不仅要消除境外投资者和募资企业的直接投融资障碍，还需要降低其对我国法律、监管、税收和市场环境不确定性的担忧。

第六，发展区域性股票市场，允许地区间适度竞争、优化趋同。可以选择几个地方试点建设真正市场化运作的区域性股票市场，比如说北方股票交易所、中部股票交易所、西部股票交易所。在这些市场建立之初就实施更加关注信息披露的股票发行注册制，同时允许这些市场在规则制定方面适度竞争、优化趋同。

以金融创新支持经济创新

黄益平[1]

近年来，关于“金融不支持实体经济”和“民营企业融资难、融资贵”的抱怨一直非常强烈。更令人困惑的是，政府几乎每年都会出台一些具体的举措解决这些问题，但似乎没有产生显著的效果。这些现象起码显示出了三个方面的问题：第一，为什么近期经济对金融服务的满意度下降了，是金融恶化还是经济发生了改变？第二，为什么政府出台的这些政策都没有见效？第三，如果要从根本上扭转局面，需要采取什么举措？本文试图对这三个问题提供简洁的回答。

要回答这些问题，首先需要从40年前中国开始的金融改革说起。1978年底党的十一届三中全会召开的时候，中国只有一个金融机构——中国人民银行，不过当时的中国人民银行既是中央银行，又是商业银行，这一家金融机构就占到全国金融资产的93%。在计划经济年代，对金融中介的需求非常少，资金都是通过国家计划调配的。但工作重心从阶级斗争转向经济建设后，金融中介的重要性就提高了。

① 黄益平，中国经济50人论坛成员，北京大学国家发展研究院副院长。

中国四十年改革开放的历程实际也是金融业改革与发展的过程。

今天中国金融体系已经十分庞大。首先，从机构看，种类繁多、数量巨大，监管部门、政策性银行、商业银行、证券公司、保险公司、信托公司，几乎应有尽有。四大国有商业银行都已经进入全球最大银行的行列。其次，金融资产的规模十分庞大，广义货币供应量（M2）与GDP之比接近210%，虽然2019年略有回落，但仍然居世界第三位，仅次于黎巴嫩与日本。最后，中国的股市与债市相对不发达，但它们各自的市值已经分别在全球排到第二位和第三位。在整个金融市场体系中，发展明显滞后的主要就是衍生品市场。

与各国的金融体系相比，中国的这个金融体系有两个突出的特点：第一，银行在金融总资产中的占比非常高；第二，金融抑制的程度非常高。在图2.12中，纵轴是金融抑制指数，反映政府对金融体系干预的程度，横轴反映银行在金融资产中的比重。学术讨论通常将金融体系分为市场主导与银行主导两类，英国和美国的金融资产中银行的比例相对较低，而日本和德国的金融资产中银行的比例就比较高。所以在图中，日本和德国位于美国的右方。金融抑制程度最低的是新加坡，位于图的最下方。而中国则位于图的右上角，说明不但银行占比高，政府干预也重。实际上，在2015年有金融抑制数据的130个国家（或地区）中，中国的金融抑制程度排在第14位。

这种金融体系有一些突出的特点；它非常适合支持大企业，不擅长服务小企业；适合支持制造业，不擅长支持服务业；适合支持粗放式扩张，不擅长服务创新型增长。原因就在于商业银行做风控，通常就是看财务报表、抵押资产和国家担保，制造业、大企业就会占优势。

而粗放式的扩张，大多是简单的生产规模翻倍，不确定性小很多，融资决策容易得多。可能就是因为这些原因，虽然这种金融体系有一些明显的缺陷，比如政府干预金融体系运作，很可能降低资金配置效率甚至遏制金融发展水平。但总体来看，在过去几十年，它没有妨碍中国实现快速经济增长并保持基本的金融稳定。换句话说，从过去的实践看，这个体系不完美，但十分有效。

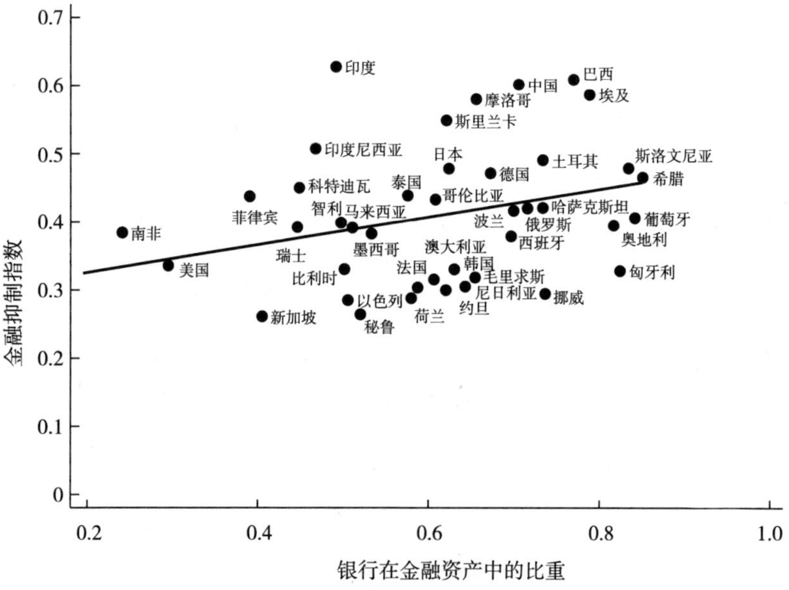

图 2.12　中国金融体系的国际比较

那么为什么最近这个体系又不工作了呢？一个根本性的变化是中国经济发展进入了新的阶段，过去依靠几乎无限的劳动力供给和低成本优势大力发展出口导向的低端制造业，但在经过多年的快速发展之后，低成本优势已经不复存在，比如中国的人均 GDP 已经从 2007 年的 3 000 美元上升到 2018 年的 10 000 美元。这个变化实际就是所谓的

“中等收入陷阱”的挑战，要保持可持续增长，经济就必须转型，从要素型增长转向创新型增长。创新型增长的一个重要特征是小微企业、民营企业要发挥更大的作用，服务业的比重会越来越高。但这些，恰恰是中国的金融体系不太擅长的业务。所以，今天所面对的挑战其实是经济需要转型，而金融还没有准备好。从这个意义上看，把板子打在金融并没有错，但金融为什么没有转型，原因却很复杂，起码不能简单地归因为金融体系的贪婪或者不作为。

其实中国的金融体系内生存在一些对民营企业歧视的特征：第一，商业银行风控决策需要看历史数据和抵押资产，民营企业最缺的就是这些信息；第二，政府对国有企业还有一些或隐性或显性的担保，这些担保其实就是对民营企业的歧视；第三，政府在正规部门把利率压得很低，让银行能够真正服务的民营企业的数量变得更少。民营企业被挤出正规市场，从而导致非正规金融的利率被进一步推高（见图2.13）。这三个因素中，第一个因素是普遍存在的，而第二个、第三个因素是政府政策造成的。所以说，民营企业特别是小微企业融资难是一个普遍性的问题，但中国的政策扭曲进一步加剧所谓“融资难、融资贵”的问题。

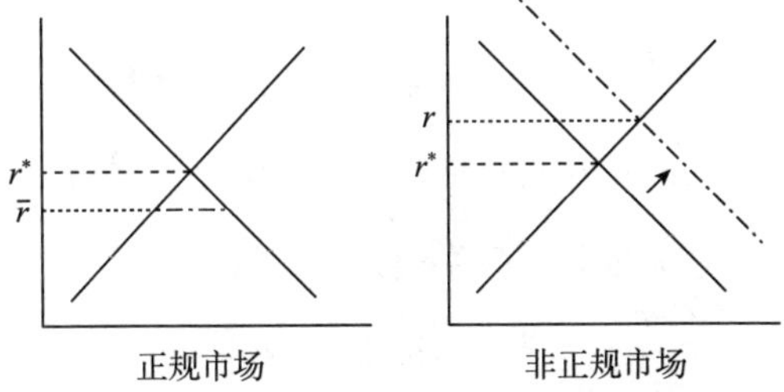

图 2.13　正规市场与非正规市场的利率双轨制

从2013年起，中国政府一直高度关注民营企业融资的问题，几乎每隔两到三周就会出台一个政策缓解“金融不支持实体经济”与“民营企业融资难、融资贵”的问题。但政策效果不明显，恐怕还是因为采取的措施没有对症下药。比如政府经常强调两条监管要求，一条是银行必须增加对民营企业的贷款，另一条是银行必须降低给民营企业的利率。这两条政策都充分地体现了决策部门扶持民营企业的意图，但结果却不尽如人意。如果商业银行服务民营企业的障碍还没有消除，强制它们增加贷款，可能是事倍功半。而要求降低贷款利率更是违背金融规律的做法，金融的一条基本原则就是成本必须覆盖风险，民营企业规模小、不确定性大，所以风险也比较大，金融机构要为它们服务，自然应该提高而不是降低贷款利率。最近在调研中接触到一些案例，银行以低利率贷款给民营企业家，后者反过来购买收益率稍高的理财产品。从表面看，银行满足了监管要求，民营企业家也得到了好处，但这根本不是监管部门要求的对民营企业的贷款。

所以，今天中国经济金融的一个大问题，就是宏观货币与微观融资之间的通道被堵塞了。金融机构既不会对越来越重要的民营企业做合理的风控，又无法实行市场化的风险定价，当然只能尽量把钱留在手上，从事各种“投资”活动，要么造成所谓的资金空转，要么推动资产价格的大幅上涨，出现“金融不支持实体经济”的现象。因此，金融改革最为迫切的任务是打通宏观货币与微观融资之间的渠道，但完成这个任务，不能依靠行政手段，而要依靠市场化的工具，特别是需要尊重金融规律。行政手段不是不可以用，短期内事关紧急，要求银行响应政府的号召做一些事情，也可以理解。但行政手段毕竟难以持续，搞不好还会事与愿违，好心办坏事。如果政府觉得有必要对一些特定的企业在特定的时期内提供政策支持，这样的政策应该由政府财政或者由政策性金融机构来埋单，而不是强制性地将责任推给商业性金融机构。

市场化的手段包括很多方面，简单地看，可以从三个方面入手。

第一，利率市场化很关键。利率市场化的核心是要做到市场化的风险定价，有多少风险，就定什么样的价格。过去长期压低正规金融部门特别是银行的利率，相当于由居民在补贴企业，支持生产、出口和投资。但客观上这个政策反而减少了银行对民营企业的贷款。因此，利率市场化不仅是为了控制风险、提高资金配置效率甚至改善货币政策的传导机制，更重要的是为了实现市场化的风险定价。没有这一条，金融机构就无法真正为民营企业提供金融服务。为什么民间借贷、影子银行和金融科技可以为民营企业提供融资服务，其中一个很重要的原因就在于它们摆脱了正规金融部门的利率管制，实现了变相的利率市场化。

第二，服务民营企业的主要责任还是应该由银行来承担。党的十八届三中全会提出中国要发展多层次的资本市场，提高直接融资的比重。资本市场发展对于中国经济的未来非常重要，一些不太适合由银行提供融资的业务，可以由包括创投基金在内的各种直接融资渠道来服务。但必须意识到的是，资本市场不可能承担起服务民营企业的主要责任，这可以从两个方面来理解。一方面，一个国家的金融体系是由市场主导还是由银行主导，并非简单地由政策决定，而涉及更为全面的政治、文化与经济制度。简单地说，凡是市场主导的经济体，比如美国和英国，基本上都是自由主义、个人权利至上、决策分散化，而法制体系相对健全。凡是银行主导的经济体，比如德国和日本，基本上都是崇尚集体主义精神、决策相对集中。因此，中国的资本市场可以进一步发展，但短期内它的发展必然会受到这些制度环境的制约。另一方面，与向银行申请贷款相比，在资本市场融资对企业的资质要求更高。金融的核心困难是信息不对称，风控的关键任务就是要降低信息不对称的程度。企业到资本市场上去融资，就需要达到更高的信息披露的要求，正因为这样，资本市场融资的门槛比银行融资的门槛要高很多。如果民营企业无法从银行获得贷款，就不可能主要依靠资本市场来缓解这个问题。现在中国资本市场占非金融企业外部融资的15% 左右，与日本和德国的占比差不多。即使在美国，直接融资所占的比重也不到 50%。

因此，解决民营企业融资问题，可能还是要回到银行，回到间接融资渠道。但银行需要从很多方面进行改革。首先，除了已经提到的利率市场化，也需要引进更加科学的对不良率的监管政策。目前采用终身追责的做法，实际上非常不利于银行为风险相对较高的民营企业提供服务。其次，政府也需要逐步取消对国有企业的间接担保，这样才有可能消除对民营企业的变相歧视，真正实现“竞争中性”。最后，银行也需要创新获客与风控的做法，特别是学会如何为没有抵押资产、历史数据和政府担保的企业提供金融服务。

第三，规范而不是消灭非正规金融部门。不管是影子银行还是金融科技，由于它们的业务规避了正规部门的监管政策，确实带来一些金融风险，需要加强监管，做到监管全覆盖，从而控制金融风险。但这些业务实际上也规避了不少正规部门一些不尽合理的管制措施，为实体经济提供了金融服务，为正规金融部门提供了有益的补充，是实质性的金融市场化的产物。从这个角度看，正规金融部门和金融政策应该向非正规部门看齐才对。

更重要的是，非正规金融部门创新了很多风控的做法。比如正规金融部门无法为民营企业提供服务，主要是因为获客难、风控难。一些线下的机构通过软信息的做法，了解客户、提供金融服务。而一些线上的机构则利用互联网平台、移动终端和大数据分析，同样可以很好地为民营企业服务。这两类机构在发展普惠金融方面走出了新路子，在全世界都居于领先地位。金融改革的任务应该是一方面规范这些非正规金融部门的做法，守住不发生系统性金融风险的底线。另一方面将非正规金融部门的一些好的做法推广到正规金融部门，真正改善对实体经济的金融服务。

第三章　释放增长动能

Chinese Economists 50 Forum

多方施策稳出口

隆国强[1]

在我国比较优势加速转换的背景下，面对中美贸易摩擦和全球经济减速导致外需不足的双重挑战的叠加，稳出口并非易事，不能指望“一招灵”，需要多方施策，要标本兼治，既实现短期“稳出口”，也要促进产业国际竞争力升级，推动从贸易大国向贸易强国的转变。

一、高度重视稳出口的重大意义

中国是全球第一大货物出口国，2018 年全年货物进出口总额 305 050 亿元，比上年增长 9.7%。其中，出口 164 177 亿元，增长 7.1%，进口 140 874 亿元，增长 12.9%。中国也是全球重要的服务贸易大国。2018 年，按国际收支口径统计，全年服务进出口总额 52 402 亿元，比上年增长 11.5%。其中，服务出口 17 658 亿元，增长 14.6%。服务进口 34 744 亿元，增长 10.0%。服务进出口逆差 17 086 亿元。

---

① 隆国强，中国经济 50 人论坛学术委员会成员，国务院发展研究中心副主任。

针对当前的国际国内形势，中央在2017年中提出“六稳”。2018年末的中央经济工作会再次将“六稳”作为2019年经济工作的重要任务。稳外贸是“六稳”中的一个重要方面，稳外贸的关键在于稳出口。

稳出口有利于稳增长。2017年全球货物贸易出口和服务出口占全球GDP的比重分别为22%和6.65%，2018年我国货物出口总额和服务出口总额占GDP的比重分别为18.2%和2%，合计占20.2%，都低于世界平均水平。尽管如此，出口增长对整体经济稳定增长还是具有直接影响。从需求角度看，出口是外需的体现，通常人们用净出口变化来计算出口变动对经济增长的贡献。近年来，我国国际收支顺差连续减少，对经济增长产生拖累。尤其是考虑到我国正处于消费结构和产业结构的加速升级阶段，而且还在大力推动贸易投资自由化、便利化，进口需求相对强劲，如果不能做好稳出口的工作，国际收支形势可能更为严峻，甚至可能出现经常项目逆差，直接影响到经济增长。从供给角度看，稳出口直接影响到经济增长的质量与效率。仅仅从净出口数量来看国际贸易对经济增长的影响是不全面的。设想一下，一个开放度很低的经济体和一个开放度较高的经济体，其净出口都可能为零，难道两个开放度迥异的经济体经济增长的质量是一样的吗？越是深度参与国际分工，越有利于提高经济运行效率。开放度高的经济体有利于把资源集中于自身更为擅长、更有竞争力的部门，从而实现更有效率的增长。近年来，我国经济的外贸依存度持续下降，这不利于我国深度参与国际分工合作。因此，同样保持净出口稳定，不应从限制进口入手，而应着力扩大出口。所以，稳出口既有利于支撑经济稳增长，而且有利于提高经济增长的效率。

稳出口有利于稳就业。面对我国人力资源结构变化的新形势，2019年政府工作报告提出，实行就业优先的政策。要落实就业优先的政策目标，需要多方发力。其中，稳出口具有重要意义。我国无论是货物出口还是服务出口，总体上是以劳动密集型产业为主，因此，出口创造了大量的就业机会。据有关部门的估计，外贸直接或间接带动就业人数达到1.8亿左右，约占全国就业总数的23%。出口增长情况直接影响到大批就业岗位。另外，我国就业面临的一个突出问题是结构性矛盾尖锐，普通技工面临招工难、工资上涨过快的问题，而每年800多万高校毕业生面临就业难的问题，为高校毕业生创造体面的就业机会是就业优先政策的一个重要方面。近年来，我国服务出口尤其是知识密集研发、信息服务等服务外包出口增长较快，是白领就业岗位的一个新增长点。货物出口除了创造制造业就业岗位外，也产生大量的生产性服务业工作岗位，如贸易、金融保险、法律、会计、物流等，有相当比例是白领就业岗位。因此，稳出口不仅有利于就业岗位数量的增长，也有利于改善就业结构。

稳出口有利于增强信心。当前，国际形势复杂严峻，世界经济面临下行压力，中美贸易摩擦仍具有一定不确定性。国内经济稳中有变，变中有忧。稳定预期最为重要。采取得力措施稳出口，对于增强信心有直接作用。首先，因为外贸统计数据每月公布，出口数据好坏直接影响人们对形势的判断，如果出口数据好于预期，有利于及时扭转悲观预期。否则，可能加剧预期的恶化。其次，稳出口有利于稳定汇率预期。随着近年来我国经常项目国际收支顺差逐年缩小，人们担心2019年经常项目可能由顺差转为逆差，进而影响人们对人民币汇率走势的预期。如果出口能够保持增长，避免出现经常项目的逆差，就可以增强人们对人民币汇率的信心，也有助于增强人们对我国应对中美贸易摩擦的信心。

二、影响我国出口增长的主要因素

影响我国出口的因素，既有短期因素，也有长期因素。各类因素叠加，相互影响，对稳出口形成挑战。归纳而言，以下三个因素影响最大。

第一，中国正处于比较优势的转换期，影响到出口竞争力。过去几十年，中国从位列全球第32位的出口小国，一跃成为世界上最大的货物贸易大国和名列前茅的服务贸易大国，支撑中国出口竞争力的基础条件是中国低成本、高素质的劳动力。从出口结构看，中国已经成为一个制成品出口大国，制成品出口占比约为95%。其中，2017年机电产品出口1.32万亿美元，占出口总额58.38%，高新技术产品出口占比为29.49%。需要指出的是，无论是机电产品还是高新技术产品出口，其中有相当高的比重是全球价值链产品，在我国完成的增值环节以劳动密集型为主，低成本劳动力是支撑其国际竞争力的重要因素。随着中国经济快速发展，劳动力成本也相应上升，出口企业工人工资持续上涨，加上较高比例的社保费，企业用工成本成为影响传统产业国际竞争力的一个重要因素。近年来，越来越多有低成本劳动力的发展中国家开始走上出口导向发展道路，越南、印度、孟加拉等国迅速成为劳动密集型产品全球市场的新角逐者。相比之下，我国工人单位劳动成本已经比这些国家高出数倍。在传统劳动密集型产品出口竞争面临挑战的同时，我国资本与技术密集型制成品出口的竞争力虽有增强，但整体上看，尚未完成我国制造业国际竞争力从劳动密集型向资本与技术密集型的升级。因此，我国制成品出口在国际市场上面临着“两头受挤”的压力。劳动密集型产品受到新兴发展中经济体的强力追赶与挑战，资本与技术密集型产品尚未能在发达国家占主导地位的市场中实现突破。结果表现为我国全球市场份额的下降。我国货物出口占全球市场的份额于2015年达到13.76%，此后连续3年下降，2018年为12.65%，下降了一个多百分点（见图3.1）。与加入WTO（世界贸易组织）前后我国制造业国际竞争力持续增强的阶段相比，目前我国在制造业的国际竞争力正处于“青黄不接”的阶段，要实现货物贸易稳出口，需要我们付出艰辛努力。必须把短期政策措施与长期改革举措有机结合，既要千方百计维持劳动密集型产业的传统竞争优势，还要深化供给侧结构性改革，着力增强资本与技术密集型产业的国际竞争力。

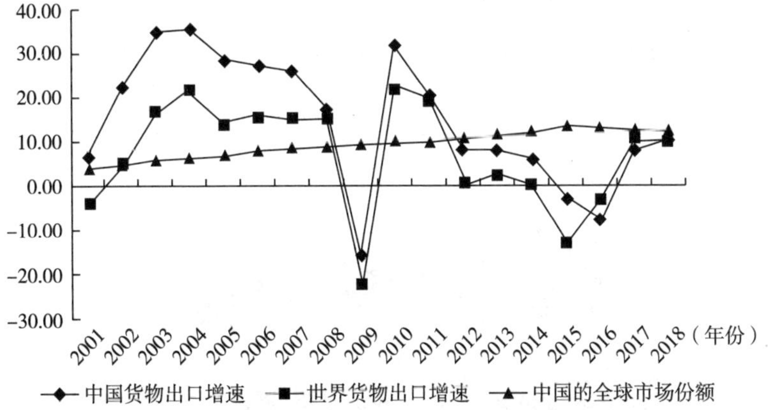

图3.1　中国货物出口增长率及全球份额（以美元计，%）

资料来源：UNCTAD，中国海关。

比较优势的转换不仅影响到制造业的国际竞争力，而且也影响到服务业的国际竞争力。由于“对外开放不足，对内管制过度”，我国服务业的国际竞争力本来就不强。随着劳动力成本的上升，服务业的竞争力也受到影响。2008年全球金融危机后，全球服务贸易增长速度都明显回落。自2011年以来，中国服务贸易出口的增长速度在多数时间都低于全球服务出口增长速度（见图3.2）。我国服务贸易出口在全球的市场份额在2011年达到4.56%的水平后，一直持续下滑，2017年降到4.26%。近两年，我国政府多方施策，培育服务业的国际竞争力，在15个城市开展了服务贸易创新发展的试点。在总结经验的基础上，2018年还扩大了试点范围，延长了试点时间。在经历了两年负增长后，2017年和2018年我国服务出口分别达到了8.9%和17%的较高增长速度，这既有外部市场回暖的原因，也有竞争力增强的原因。服务贸易结构进一步优化。以技术、品牌、质量和服务为核心的新兴服务优势不断显现，两年来，新兴服务出口增速明显高于整体增速，占比相应上升。这揭示出我国服务出口竞争力的增强潜力是巨大的。

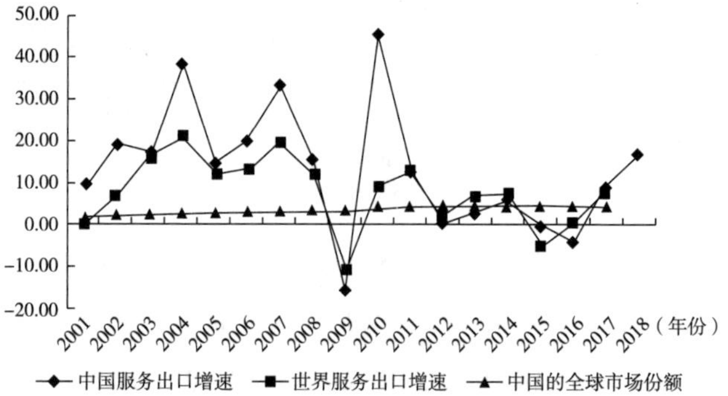

图3.2　中国服务出口增长率及全球份额（以美元计，%）

资料来源：UNCTAD。

第二，外需不足。2008 年全球金融危机爆发后，全球经济进入大调整阶段，世界经济增长速度明显回落，产能过剩矛盾突出。不少经济体将收入差距扩大、失业压力增大等问题主要归咎于经济全球化，导致民粹主义盛行，贸易投资保护主义抬头，一些国家采取了各种各样的保护主义措施。经济增长放缓与保护主义政策叠加，直接影响到全球贸易增长。1998—2007 年，全球货物贸易出口和服务贸易出口年均增长速度分别达到 10.9% 和 10.8%。2008 年全球金融危机的爆发是一个分水岭，此后，跨境贸易明显减速。2008—2017 年，全球货物贸易出口和服务贸易出口年均增速分别降到 1.0% 和 3.2%。

2018 年美国经济表现抢眼，带动全球经济出现了回暖，全球贸易出现了明显复苏。但是，2019 年主要经济体大多减速，全球经济面临下行压力。国际货币基金组织等国际机构纷纷下调对 2019 年经济增长速度的预测值。中美贸易摩擦、英国脱欧等因素，增加了全球经济的不确定性。一些新兴经济体面临着资金外流、汇率贬值的风险。全球债务总额再攀高峰，债务总量已经达到 2008 年危机爆发时的两倍，金融风险上升。由于全球需求增长减速，初级产品价格回落，那些依赖资源出口的经济体，国际收支形势恶化、汇率贬值、进口需求不振。而进口需求不振与保护主义抬头相互推动。

针对我国出口的保护主义是最为突出的。中国已经成为世界最大的出口国,是一百多个国家最大的贸易伙伴。当看到中国庞大的市场时，很多国家都希望加强与中国的贸易关系，进一步分享中国发展的机遇。同时，很多国家也担心来自中国的竞争。因此，中国出口遭受了世界上最多的反倾销、反补贴等贸易救济案例，受到影响的出口金额也是最多的。在经济下行时，一些国家比往常更喜欢采取贸易保护主义措施。

因此，2019 年，经济减速导致的外需不振与各种各样的保护主义措施，是我国稳出口面临的第二大挑战。

第三，中美贸易摩擦。中美互为重要的贸易投资伙伴，产生贸易摩擦是十分正常的。但是，2018 年，美国以双边贸易失衡、知识产权保护、产业政策等为理由，针对我国输美货物分批次采取加征关税的政策，引发了有史以来最大规模的双边贸易摩擦。

很多中国对美出口企业采取了“抢单”出口的策略，即抢在美国加征关税之前或从加征 10% 升为加征 25% 关税之前，尽可能加快对美出口。结果，2018 年中国对美出口 4 784.2 亿美元，增长 11.3%。自美进口 1 551 亿美元，增长 0.7%。贸易顺差 3 233.2 亿美元，同比扩大 17.2%。2018 年的抢单出口，加大 2019 年对美出口的基数，即使中美谈判达成协议，美国取消额外关税，因为基数被垫高，2019 年对美出口情况也不乐观。如果美国执意保持现有关税，或谈判破裂导致美国对华输美产品加征关税，则会对我国对美出口产生更加严重的负面影响。据有关研究测算，如果美国对 2 500 亿美元中国输美产品加征 25% 的关税，将令我国对美国出口在 2019 年减少 938 亿美元，直接影响 GDP 的 0.7 个百分点。

中美贸易摩擦还加剧了我国出口产能的对外转移。由于比较优势转换，一些在华从事出口的低附加价值劳动密集型产业早就开始对外转移产能。中美贸易摩擦爆发后，为规避风险，企业对外转移产能的情况进一步加剧。据国务院发展研究中心调研组 2018 年在上海、浙江对向美出口制造业企业的问卷调查，如果贸易摩擦持续时间较长，少量企业已经有转移计划,更多的企业会考虑转移。一旦将出口产能转出,将大大增加中国稳出口的难度。

三、综合施策稳出口

第一，着力降成本，增强出口竞争力。要进一步落实好金融服务实体经济的各项政策，改善对出口企业特别是中小型出口企业的金融服务，解决“融资难、融资贵”问题，降低资金成本。适当提高出口退税率，尽可能实现足额退税，进一步加快出口退税进度。保持人民币汇率稳定,避免人民币升值。更大力度推进供给侧结构性改革中“降成本”的力度，降低政府对能源、运输等基础产品与服务定价，清理对出口企业的各种收费，减少出口企业缴费负担。继续推进通关便利化改革，把改革重点从压减通关时间转向压减通关环节的各种收费，切实降低通关费用成本。进一步推进“放管服”改革，降低制度性交易成本。

第二，大力开拓新市场。市场多元化是我国优化出口结构的长远大计，也是短期稳出口的有效举措。新兴经济体经济增长速度快，对我国产品需求旺，出口潜力巨大。稳步推进“一带一路”建设，开拓沿线国家市场。5 年来中国与沿线国家对外贸易增长速度比整体外贸增长速度高 2 ~ 3 个百分点，说明“一带一路”倡议可以有力带动中国对沿线国家的出口增长。加大政策性金融机构对出口的支持力度。中国进出口银行、中国出口信用保险公司等政策性金融机构对支持出口具有重要作用，应扩大政策性金融服务的覆盖面，并降低服务成本。

加大对中小出口企业拓展海外市场的支持力度，如支持中小企业到海外参展，发现新客户、开拓新市场。

第三，用创新增强出口竞争力。要高度重视、充分发挥跨境电子商务对扩大出口的作用。跨境电商增长速度快，潜力巨大，也是开拓新兴市场的利器。例如，2018 年中国向俄罗斯发送的包裹价值达到 2 446 亿卢布（约合 250 亿元人民币），增长率达到 18.8%。要支持出口企业加大技术创新，开发新产品，提高出口商品的附加价值，持之以恒实现出口结构的升级。要支持工业机器人应用，提高制造业自动化、智能化水平，推动劳动密集型加工出口企业转型升级。继续支持外贸综合服务型企业、市场采购型出口等新模式、新业态的发展，鼓励出口商业模式的创新。

第四，大力推动服务出口。服务贸易潜力大，我国具有发展服务出口特别是知识密集型服务的多种有利条件，特别是人力资源优势。2019 年要深入推进服务贸易创新发展试点工作，及时总结推广成功经验，加快形成有利于增强服务业的体制环境。进一步扩大服务业对外开放，引入国际优势资源和竞争压力，增加服务业国际竞争力。牢牢把握信息技术进步对促进服务出口的战略机遇，大力支持数字化服务的出口，鼓励服务出口模式创新，大力发展服务外包。

合意投资增速的几个标准

刘元春[1]

稳投资是 2019 年稳增长的核心。因为 2018 年投资增速的快速下滑是宏观经济下行压力加大的原因之一。2018 年全社会固定资产名义投资增速仅为 5.9%，比名义 GDP 增速低 3.8 个百分点，全社会固定资产投资实际增速仅为 0.5%，比实际 GDP 增速低 6.1 个百分点（见图 3.3）。更为重要的是，由于投资收益率的持续下滑、未来预期的恶化、外部环境的震荡以及存货周期的逆转，作为固定资产投资核心力量的民间投资增速见顶回落将是 2019 年发生的大概率事件。因此，出台稳投资一揽子政策将成为逆周期调控的核心工作。但是，稳投资的核心目标是什么，我们是否需要将当前投资增速通过积极的财政政策、稳健的货币政策，以及投资政策提升到“新常态”以前的水平？是否应当通过地方政府大规模扩大基础建设投资和其他公共投资来补齐市场投资的缺口，使基础建设投资增速恢复到 2016 年的水平，在大幅度调整投资结构的基础上保持增速的稳定？回答这些问题需要我们从短期

---

① 刘元春，中国经济 50 人论坛成员，中国人民大学副校长。

宏观静态平衡、中期宏观动态平衡、中期最优增长，以及效率与财务可持续等角度来分析和判断。

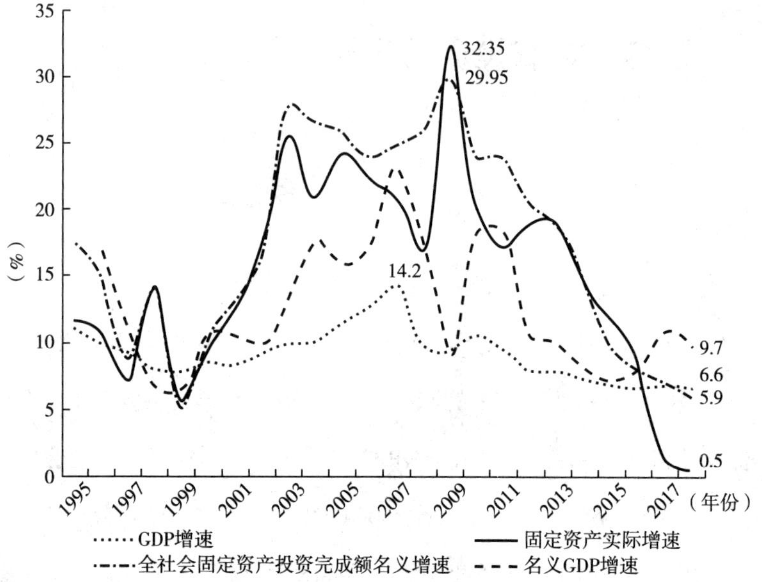

图 3.3　1995—2017 年中国经济增速情况

一、五个标准下的合意投资增速

第一个标准是静态宏观平衡视角下的标准。其核心原理就是，投资变化必须有利于形成短期总供给和总需求的平衡，I=S＋（T−G）+（M−X），其中 I 是投资、S 是储蓄、T 是政府收入、G 是政府支出、M 是进口、X 是出口。居民储蓄、政府结余、贸易赤字以及被动存货投资的变化共同决定了固定资产投资增速的适宜范围。

第一，储蓄率下降以及储蓄增长速度的下降决定了短期平衡约束下的投资增速必然下降。

储蓄率在 2008 年左右达到高点 52.3%，之后就呈现出持续回落，到 2018 年仅为 45.4%。储蓄率的下滑以及 GDP 名义增速的下滑直接带来的就是储蓄增长速度更快的下滑，从 2008 年的 25% 的增长水平下滑到 2017 年的 5% 和 2018 年的 8%，呈现出波动中的趋势性下滑态势（见图 3.4）。在两部门经济体系中我们知道，如果储蓄不能转化为投资，计划储蓄水平与计划投资水平不一致，那么总供给与总需求就无法达到平衡。因此储蓄率的下降必定意味着投资率的下降，储蓄增长速度的下降也必定导致投资增速的下降。从这个角度来看，中国投资的实际增速从 32.4% 下降到当前的 0.5%, 其中最为重要的因素是由储蓄率和储蓄增长速度下降诱发的，具有必然性和合理性的成分。

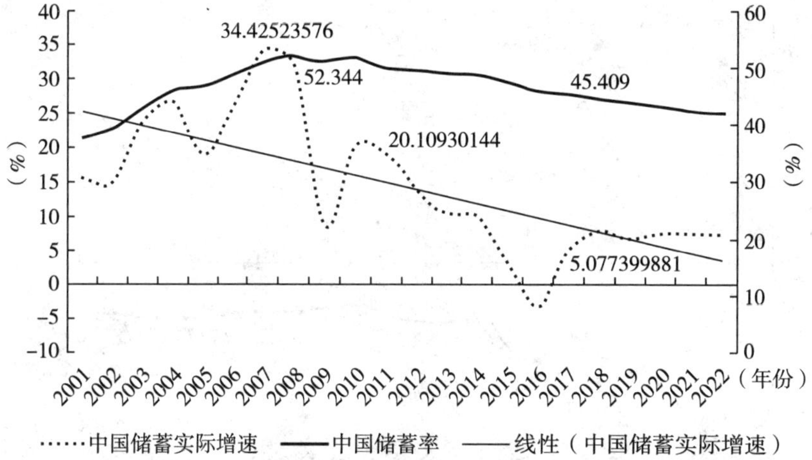

图 3.4　2001—2022 年中国储蓄情况

第二，经常项目顺差占比的下降对投资品的供给和投资需求产生相反的冲击。

在开放体系下，宏观经济总供给与总需求的平衡需要考虑外需，即贸易顺差。在贸易顺差减少时，为了保持宏观经济的稳定，投资增速必须有所提升。或者在宏观经济稳定时，投资增速要大幅度扩展必须大幅度降低贸易顺差。中国贸易顺差占 GDP 的比重在 2007 年达到约 9.9% 的历史最高点，随后大幅度下降，到 2018 年仅为 1.4% 左右（见图 3.5）。这种下降导致外需大幅度下降，以及国内大量外向型企业出现低迷、国内产能出现过剩，对于投资就产生了双向冲击。第一，很多以国际市场为主体的企业投资需求和能力下降。第二，为了平衡外需的缺口，必须启动投资需求来弥补。第三，投资结构发生变化，政府主导型投资和内向型投资开始上扬。从国民核算的角度来看，在储蓄水平不变和政府实现平衡收支的前提下，贸易顺差的收窄将缓冲投资下降。

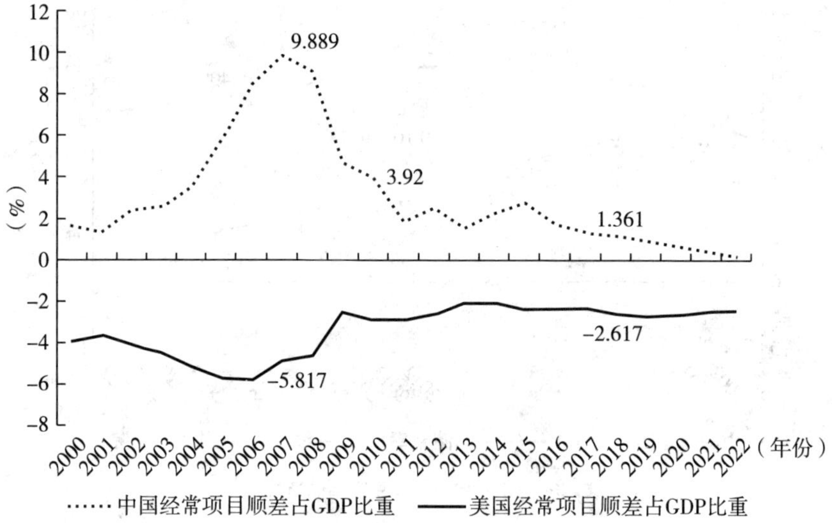

图 3.5　中国、美国经常项目顺差占 GDP 比重

第三，政府债务的急剧增长可能带来明显的挤压效应。

在四部门经济中，政府赤字规模也会对于投资规模产生影响，在国际贸易顺差平衡的情况下，要保持宏观经济平衡，政府结余必须由投资增长来进行填补。从2008年以来中国政府采取了持续的积极财政政策，财政的狭义赤字率和广义赤字率都得到了明显的持续提升，狭义赤字率从2011年的1.6%上升到2018年的3.8%左右，而广义赤字率从2011年的3.3%上升到2018年的9.8%左右（见图3.6）。这种上升将会对市场投资产生短期的挤出效应，投资率和投资增速都应当出现回缓。

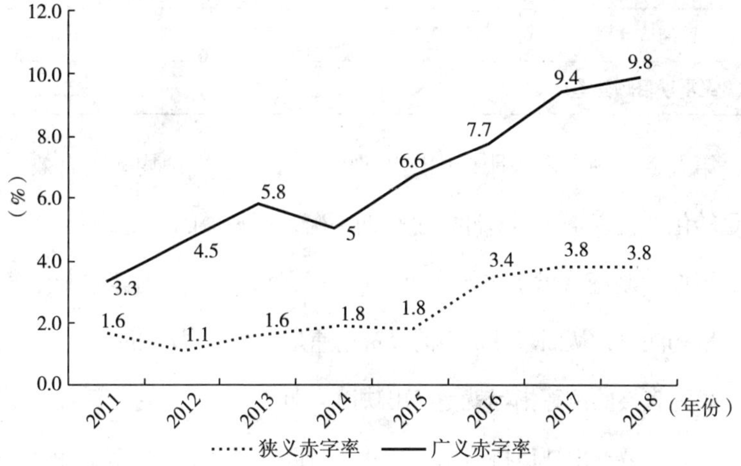

图3.6　2011—2018年狭义赤字率与广义赤字率增长情况

第四，从各类参数的匹配性来看：当前投资增速虽然具有趋势性，但依然出现了超调，可能引发短期宏观失衡的问题。

综合以上几个因素来判断短期的宏观平衡可以看到，2010—2018年，固定资产实际增速下降19.7个百分点，国民储蓄实际增速下降15个百分点，政府赤字率上升6.6个百分点，经常项目顺差率下降2.5个百分点（见表3.1）。从各类参数的匹配性来看，当前投资增速虽然具有趋势性，但出现了超调，投资实际增速水平与短期宏观平衡所需要的水平低 1 ~ 2 个百分点。考虑 2018 年和 2019 年储蓄增速的回升，目前投资增速较合意实际投资增速可能低 4 ~ 5 个百分点。因此，近期由于投资增速过低可能引发短期宏观失衡的问题。

表 3.1　2010 年和 2018 年中国经济主要数据情况

	2010 年（%）	2018 年（%）	变化幅度（%）
固定资产实际增速	20.2	0.5	−19.7
国民储蓄实际增速	20.1	5.1	−15.0
政府赤字率	3.2	9.8	6.6
经常项目顺差率	3.9	1.4	−2.5

第五，宏观参数表明，中国宏观经济正在从短期均衡向有效需求不足转化，投资增速回落冲击了短期平衡，但超调的幅度并不大。

短期宏观经济供求平衡还可以从一系列宏观经济指标的变化来进行衡量和测算，从而来评价当前投资增速是否在宏观均衡的合意水平附近。最为直接的测算指标就是产出缺口，即实际产出增速与潜在产出增速之差。只要产出缺口持续稳定在 0 的附近，那么宏观经济就在平衡轨迹上运行。根据中国人民大学宏观经济团队的测算，2011 年到 2017 年中国产出缺口持续为负，表现为中国经济持续处于低迷状态，到 2017 年基本达到均衡状态，但是到 2018 年这种均衡被打破，产出缺口又将出现负增长（见图 3.7）。2018 年产出缺口负向增长可以从 GDP 平减指数的变化来进行印证（见图 3.8），2018 年的 GDP 平减指数下降到 3.1%，2019 年在工业品出厂价格指数下滑的作用下还将进一步下滑。当然从固定资产价格指数的变化来看，目前虽然有所回落，但并不明显。因此，从产出缺口以及价格参数的变化来看，目前投资增速低于宏观均衡的合意水平，但并非如很多市场人士所估算的那么高。

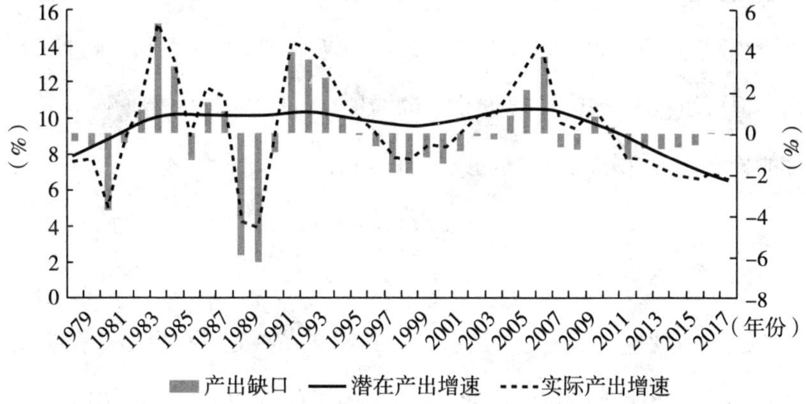

图 3.7　1979—2017 年中国产出缺口情况

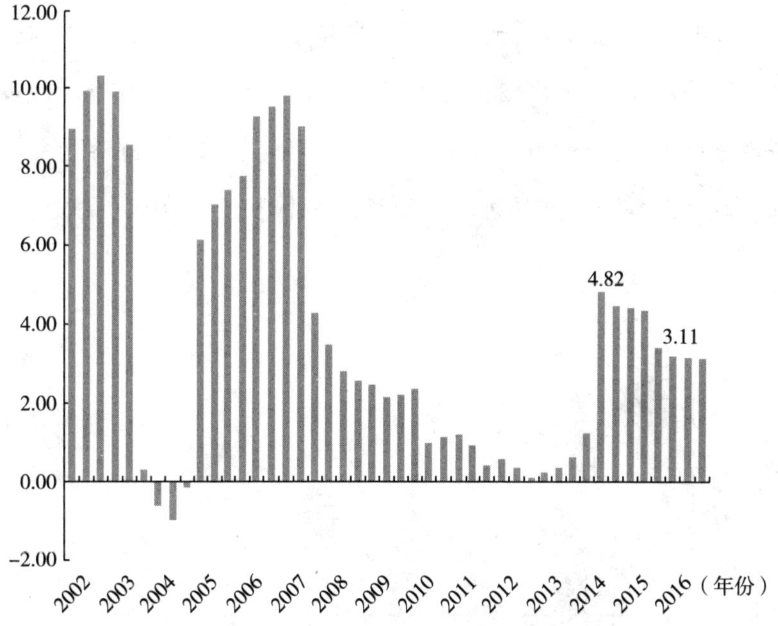

图 3.8　2002—2016 年 GDP 平减指数

第二个标准是动态平衡标准。动态平衡标准很重要的一个原理，就是本期的投资是总需求的一部分，但是经过投资周期和资本的形成，就会成为下期的产能和供给。如果第一期的投资增速过快，就必定意味着下一期的产能和供给也会增长较快。如果下一期投资增速出现过度下滑，很可能总需求就会低于总供给的增长，因此本期的投资增速与下一期的投资增速在宏观平衡的约束下必定存在以下技术性依存关系。

$$I_t = sf(K_{t-1} + I_{t-1}, L_t)$$

$$dI_t / dI_{t-1} = sf_1$$

这种跨期投资增速之间的技术性依存关系决定了投资增速在跨期之间不能大上大下，否则就会导致动态失衡。从 2012 年至 2018 年固定资产实际增速的变化来看，从 2016 年到现在，这种变化呈现出一个断崖式的变化，动态失速的可能性非常大（见图 3.9）。因为 2012—2016 年平均投资实际增速差分比值 1.5，而 2016 年至 2018 年平均投资增速变化的比值达到了 4.74，这种比值的快速上扬表现在实际经济体系中就是产能过剩很厉害，被动存货投资很多，债务出现持续累积。

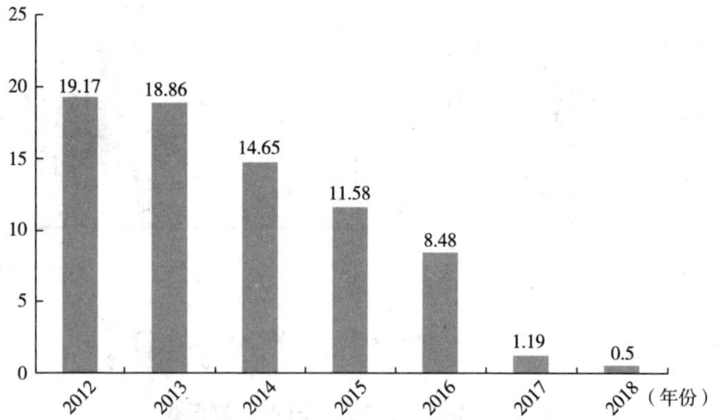

图 3.9　固定资产实际增速

同时，在动态失衡的过程中，中国经济增长模式从出口－投资驱动模式转变成投资－债务驱动模式，各类参数在2008年到2018年发生了巨大的变化（见图3.10），其中投资与GDP的比率从2008年的54.1%上升到2015年的81.9%，为了保证这么高的投资GDP比率，各大经济主体进行了大量的借款，形成了大量的债务，依赖债务为投资进行融资，依赖投资来填补前期需求的不足和产能的过剩，这样就出现了债务与投资相互推行的恶性循环。所以全社会融资总额与GDP的比率从2008年的119%上升到2018年的223%。

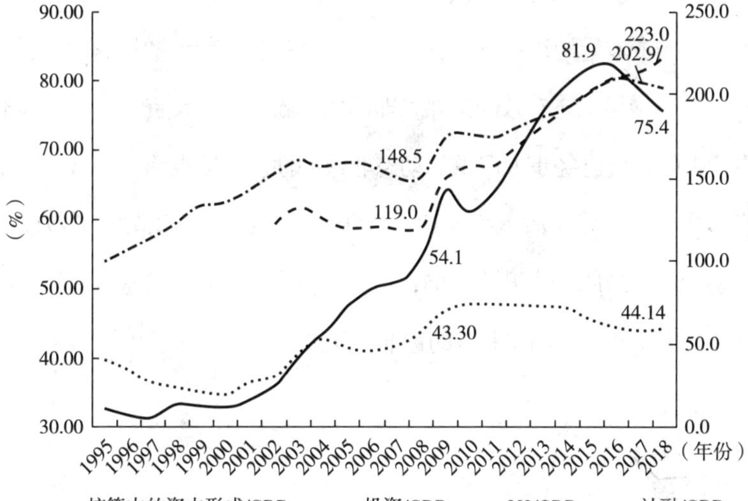

图3.10　1995—2018年主要经济数据与GDP之比

但与此同时投资带来的资本形成却十分低下，2008年中国资本形成与GDP的比率为43.3%，但是到2015年却没有变化，这意味着我们在固定投资中每年大约有占GDP 30%的投资没有形成资本和有效的产能。债务－投资这种模式的动态路径依赖十分严重，打破这种恶性循环需要一个调整的阵痛期。在这个阵痛期中投资增速和社会融资增速下降的幅度可能就要超过名义 GDP 增速回落的幅度。这就是目前去杠杆的攻坚期。

第三个标准就是最优增长下的动态平衡标准。这个标准所基于的经济学原理是最优经济增长不是持续增长，而是能够保证全社会经济主体福利最优的持续增长。因此，我们不仅需要持续增长，还需要消费率最优的增长。在经济增长理论中，大家根据不同的最优经济增长模型来衍生出能够保证持续经济增长和消费福利最优的投资增速。其中最为知名的有三类：第一，索洛标准，它要求资本的边际报酬率等于边际产品减去折旧率；第二，稳态增长的黄金律，它要求若使稳态人均消费最大，稳态的人均资本量的选择应使资本的边际产品等于劳动增长率加上折旧率；第三，曼昆动态有效的条件，即净资本收入大于投资。从曼昆标准来看，中国投资已经步入严重的动态非效率性。原因很简单，就是固定资产形成额与净资本收入之比远远高于 1，在 2008 年我国该参数仅为 1.22，但是到 2017 年上升到 1.65，这表明资本收益对消费基金的侵蚀很严重，偏离了曼昆的动态有效的标准（见图 3.11）。

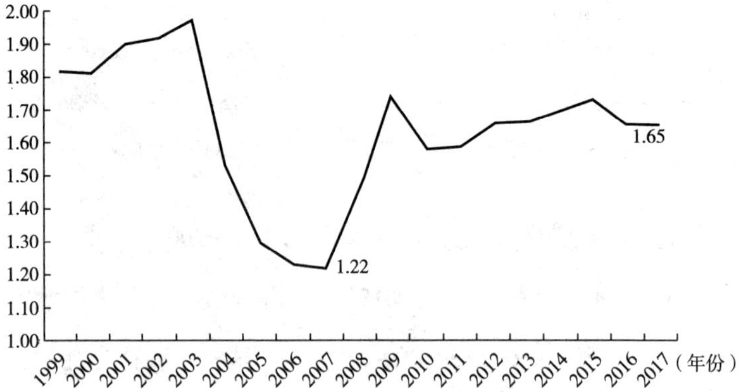

图 3.11　固定资产形成额与净资本收入比

另外，固定资产投资转换为资本形成的比率过低印证了当前投资不仅严重影响宏观动态循环，也严重影响了自身的效率。在 2003 年我国投资与核算中的资本形成基本是一致的，但是到 2018 年却出现了 31.1 个百分点的差距，这意味着我们的固定投资用于土地、旧厂房、其他费用以及浪费是十分严重的（见图 3.12）。

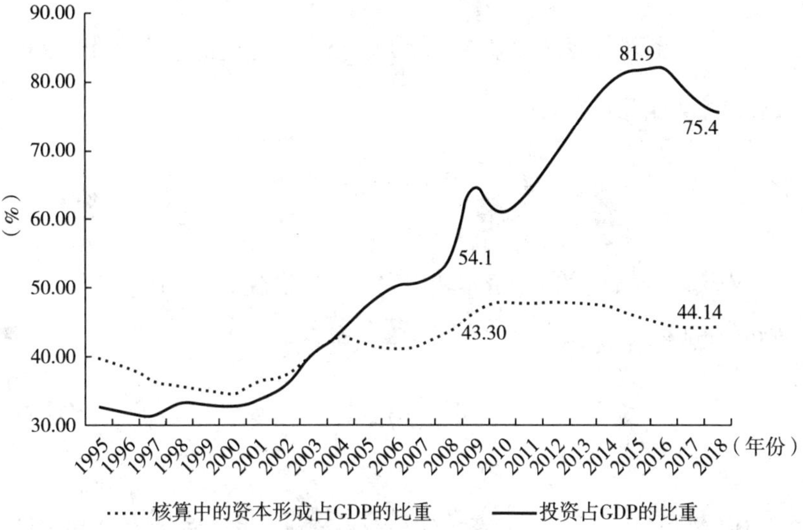

图 3.12　核算中的资本形成与投资分别占 GDP 的比重

同时，投资结构带来的未来动态匹配性和可持续性也存在问题。一个十分重要的研究是陈斐等学者在 2019 年的最新研究，最优的公共投资与私人投资的比率为 0.3665 左右，但是我们会看到，2017 年中国公共投资与私人投资之间的比率高达 0.49（见图 3.13），这意味着公共投资可能过度了，无法与私人投资形成最优的组合关系，同时通过资金的可获得性等途径产生严重的挤出效应。

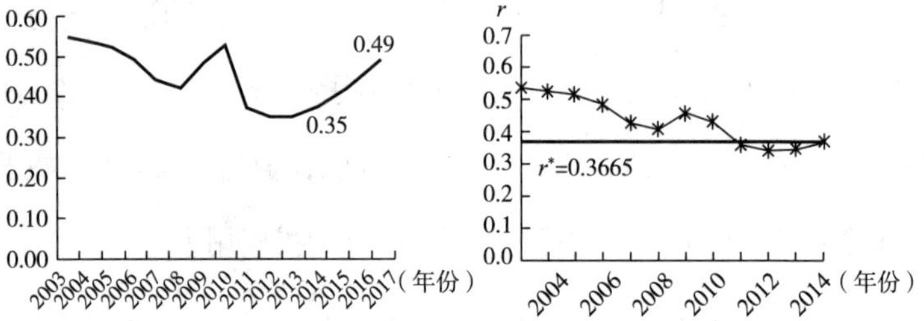

图 3.13　公共类投资与私人投资之比

第四个标准是动态收益最优标准。当资本存量稳态时，消费率与投资比率等于收益率。

$$\frac{\dot{S}}{s}+sR+p=\frac{\dot{K}}{K}$$

当资本的增长率等于资本转化率、资本收益率的转化率与贴现率之和，总收益最优。

$$|\overline{R(t)}=\frac{1\text{-}s}{s}$$

在实际评价中，对于投资效率最为直观的衡量就是 ICOR（边际资本－产出比率）。该参数在 2010—2015 年期间迅速恶化，从 2010 年的 4.0 上升到 2015 年的 12.6，但近期有所缓和。如果把中国的参数与世界水平进行比较会发现，中国 ICOR 比世界平均水平低，比发展中国家高（见图 3.14）。考虑中国这些年重工业化和投资比重加剧，中国投资效率在资本和技术深化的进程中并不像想象的那么差。近 3 年 ICOR 的快速回落表明投资效率有所改善，也佐证了供给侧结构性改革是十分有效的。

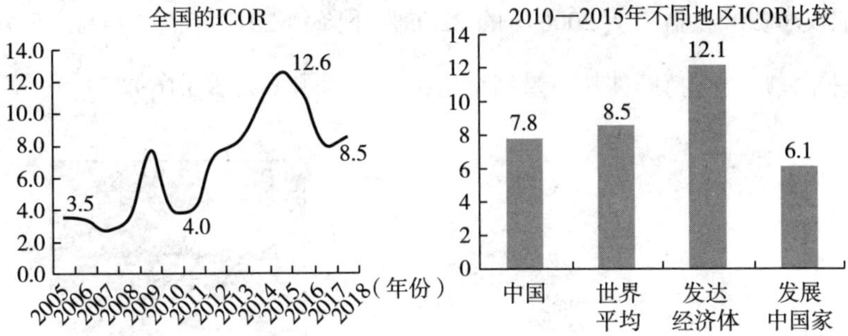

图 3.14　中国 ICOR 情况以及国际比较

值得注意的是，经过工业萧条以后，投资效率的格局发生了一些变化：第三产业和第一产业的单位新增 GDP 所需要的投资高于第二产业，第一产业和第三产业的重资产化也很明显（见图 3.15）。这对于未来发展第三产业的资本需求会更大。

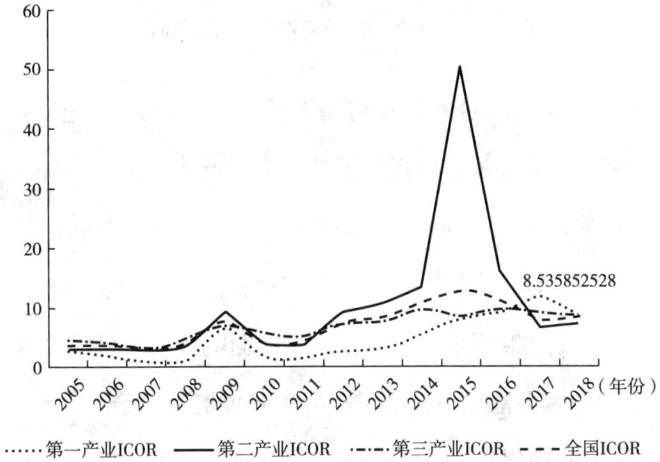

图 3.15　各产业 ICOR 情况

同时，我们应当对投资收益持续下滑高度重视，因为它会给国民经济的资金可持续性和整体商品循环带来致命影响。目前上市公司的加权净资产收益率从 2006 年的 22.03% 下降到 2017 年的 9.14%，十分明显，财务可持续性从总量到结构都存在问题（见图 3.16）。

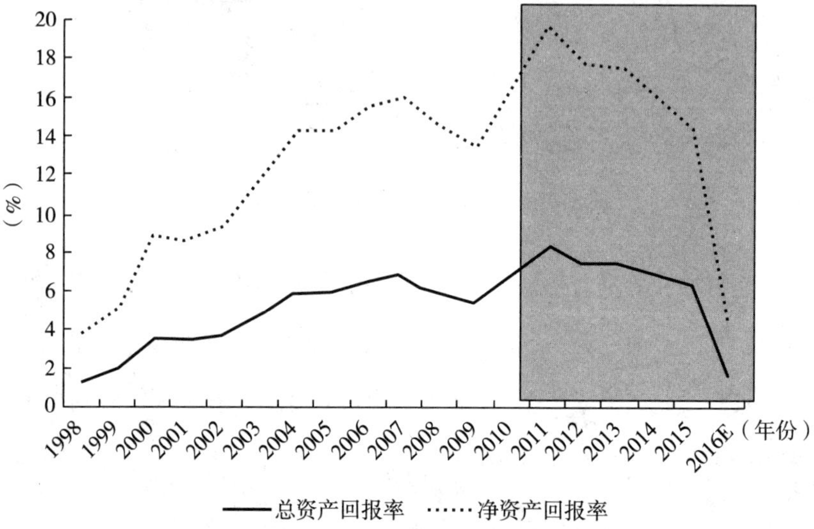

图 3.16　1998—2016 年净资产回报率情况

最后一个标准是从新宏观经济学研究视角。2008 年美国金融危机后，宏观经济学界在反思中提出了几个十分重要的命题。第一，自然增长率不自然，我们可以依靠结构性改革改变各种自然率。第二，潜在增长率只是短期的参照系，结构性变化我们很难把握。第三，短期不积极必然导致中长期的无效，在需求方面就体现为萨伊定律的逆否命题：持续的短期需求不足必定引发中长期潜在供给的下滑。第四，动态来看投资与消费、储蓄之间的关系并非简单的相互替代的关系。这些理论发展给我们的启示是短期投资不足带来的中期潜在增长速度，以及由此决定的消费水平和消费层次的下降可能比短期宏观不平衡带来的问题更为严峻。投资增速的过度下滑不仅不能带来消费的增加，反而会使消费下滑，因为投资过度下降会引起经济衰退，导致失业增加和收入减少。在储蓄水平没有大幅度下降之前贸然利用降低投资来提升消费是一种错误理解宏观经济运行的产物。消费率的提升必须依存于储蓄率的降低，而储蓄率的调整依存于大量深层次结构性和制度性问题的调整。

综合上述各种标准和参照指标，可以得出以下几个结论。

第一，投资增速下滑具有必然性，不能因为投资增速的回落就出现焦虑，更不能将稳增长的投资区间设定为回归过去的水平。

第二，近期投资增速已经影响了短期宏观均衡和中期动态宏观均衡，因此已经出现了过低、过度调整的风险。

第三，在储蓄增长速度依然在5%～9%的区间中，投资增速不宜过高也不宜过低，7%～9%区间在逆周期环境中是一个合意的区间。

二、投资下滑的结构性原因

在判断清楚投资增速的状况之后，我们需要分析清楚投资过度回落的各种结构性原因。

第一，官方投资下滑十分严重是主导性原因。

从2013年到2015年中国固定资产投资增速没有出现结构性分化，官方投资、国有企业投资以及民间投资都与整个固定资产投资保持同步下滑的趋势。但这种状况被2015年底的稳增长政策打破了，官方投资和国有企业投资在民间投资大幅度下滑的局面下大幅度扩大了投资规模，从 10% 的增速分别飙升到 20.2% 和 23%，从而保证了在民间投资下滑到 2.11% 的同时总体投资增速稳定在 9% 左右。随着宏观经济政策的调整，官方投资和国有企业投资增速出现持续下滑，增速从 20% 多下滑到 2018 年底的 −3.4% 和 1.9%，而民间投资增速却从 2.11% 的底部上升到 8.72% 的高位（见图 3.17）。所以，最为直观的结论就是官方投资和国有企业投资的下滑是 2018 年投资增速下滑的核心力量，这与一般市场人士所感觉的是不一致的。

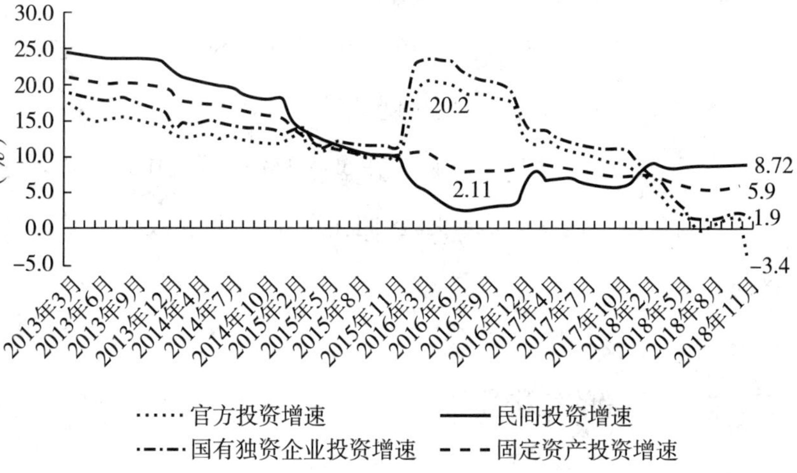

图 3.17　投资增速情况

第二，新建投资低迷、扩建更低迷，而改建却不错，说明一些很深层次的问题。

如果进一步剖析固定资产下滑的结构，我们会发现改建的投资增速并没有下降，反而在 2017 年出现快速反弹，保持着 12% 左右的增长速度，但是新建投资增速和扩建投资增速却出现了持续下滑，其中新建投资增速从 2015 年底的 16% 下滑到 2018 年底的 5.3%，而扩建投资增速从 2015 年底的 10% 下降到 2018 年底的 −5%（见图 3.18）。这种剧烈的变化实际表明了市场主体对于未来的预期极其低迷，不愿拓展新的项目，而只是在原有的项目上进行调整和完善，这也反映在同期企业家信心指数低迷上。

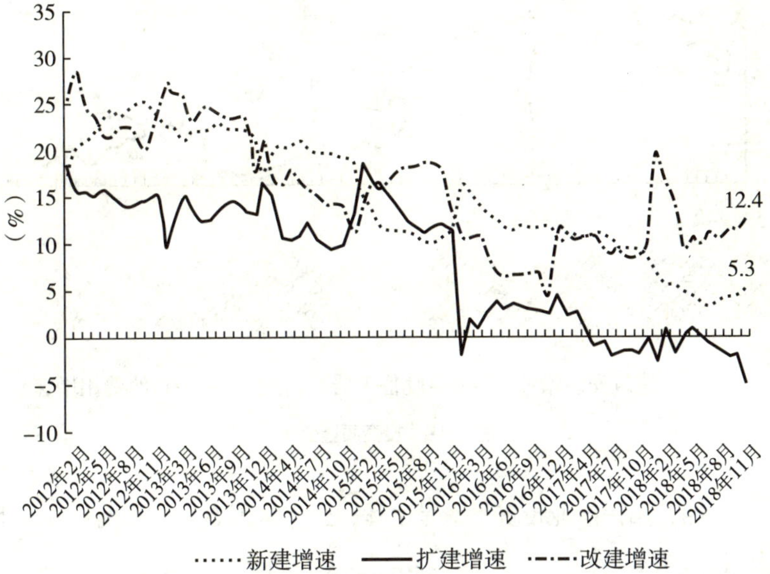

图 3.18　新建增速、扩建增速、改建增速对比情况

第三，设备工器具等实质性投资的增速低迷而其他费用高涨更能说明问题。

如果进一步看固定资产投资的增速，我们会看到投资结构变化带来的不仅是投资增速的下滑，而且投资质量也在恶化。设备工器具的投资增速从 2016 年底的 11.4% 下降到 2018 年底的 2.9%，与此同时，投资中的其他费用增速却从 0.8% 上升到 20%（见图 3.19），而其他费用是指除建筑安装工程投资、设备工器具购置和商品房购置以外的构成固定资产投资完成额的各种费用。包括：土地取得费用，前期工程费用，施工工作费用，建设单位其他费用。这意味着我们大量的投资并没有形成资本和技术，而是在一些环节打转。

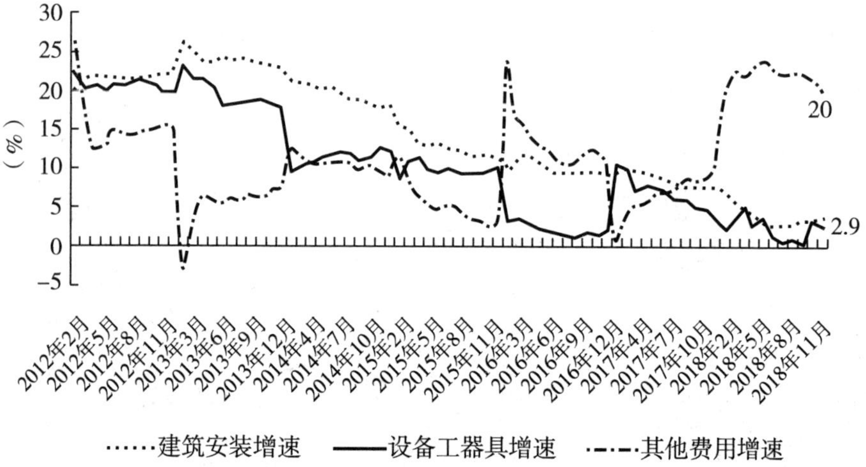

图 3.19　投资质量变化

第四，第三产业投资下滑是主体，这也是国有企业和民营投资下滑的核心。

从三次产业调整来看，目前投资增速的结构与我们的市场预期不一样。以制造业为主体的第二产业投资增速开始摆脱底部运行的状态，出现明显反弹，从 2016 年底的 3.5% 上升到 2018 年底的 6.2%，而与此同时，大家认为蓬勃向上的第三产业投资增速却从 10.9% 下降到 6.2%，增长速度低于第二产业的增速。由于第三产业在投资中占比在 60% 左右，第三产业增速低迷下滑是投资增速下滑的核心原因（见图 3.20）。

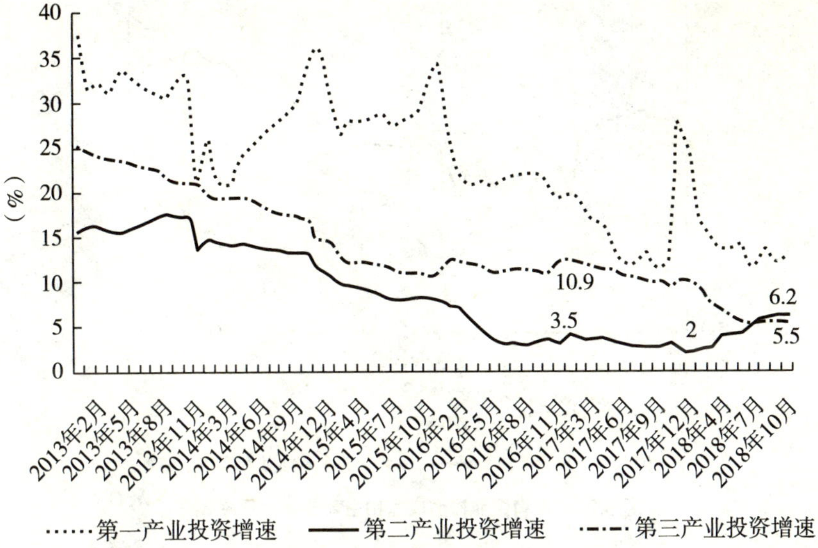

图 3.20　各产业投资增速

第五，一个奇怪的现象：国有企业利润率不错，但投资增速却急剧下降！

政府与国有企业的投资增速为什么会大幅度下滑呢？（见图 3.21）如果深入挖掘可以看到一个奇怪的现象，那就是国有企业利润和财务状况并没有明显回落。例如国有企业的主营业务利润率在 2016—2018 年从 4.64% 上升到 6.79%，得到了明显改善，但是其投资增速却从 23.7% 下降到 1.9%。导致这种现象的原因在于两个方面：第一，国有企业领导明显出现积极性低迷的现象，各种考核和检查导致发展的动力不足；第二，国有企业在去杠杆和指标考核的压力下，资金约束大幅度上扬，这类现象在地方政府表现得尤其突出。

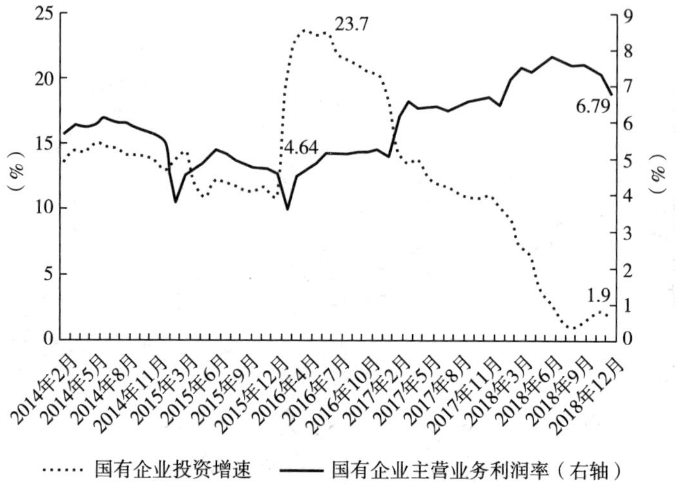

图 3.21　国有企业投资增速和主营业务利润率情况

三、一些结论和政策建议

通过上述简单的分析，我们可以得出以下几个方面的结论。

提升固定资产投资增速到合意水平，8% 左右十分重要。

当前稳增长的重点主体：稳定民间投资不逆转，使地方政府和国有企业投资行为常态化。目前不能简单放松政府债务约束来刺激政府进一步大规模投资。公共投资过度反弹不仅会带来动态效率不匹配的问题，还会带来财务可持续性和强烈挤出效应等其他问题。打破债务－投资恶性循环增长模式是当前转型的重点。

产业投资稳定十分重要，这需要大幅度放松这些领域的各种管制和打破国有企业在相关领域的垄断。

进一步启动民间投资是稳投资的关键，而民间投资启动的核心在于提高投资未来预期收益率，预期收益率的提升来源于产权的可保护性、资本投资的新空间、投资成本的降低以及投资产业需求的扩展等方面。因此，民间投资的启动不是任何单一政策和工具能够胜任的，必须采取系统性的政策方案和改革措施，必须从中期角度来系统展开。

必须认识到实体投资回报率过低不仅仅是一个周期性现象，更重要的是源自系列重大改革的缺位，启动民间资本的系统方案必须包含大量基础性的、中期导向的重大改革：第一，政府必须从目前的投资型政府逐步转向民生型政府；第二，国有企业投资体系和利润使用应当进行战略性重新定位改革，非主营业务投资必须严格限制；第三，各类管制措施要重新梳理；第四，事业单位和公共服务体系的市场化改革必须深化；第五，供给侧结构性改革在“降成本”方面应当进一步强化。

前期国民储蓄增速是当期增速的重要参数，投资增速下滑幅度超过国民储蓄增速下滑幅度，必然引起宏观总体的不平衡，带来萧条。

投资增速的过度下滑不仅不能带来消费的增加，反而会使消费下滑，因为投资过度下降会引起经济衰退，导致失业和收入减少。在储蓄水平没有大幅度下降之前，贸然利用降低投资来提升消费是一种错误理解宏观经济运行的思路。消费率的提升必须依存于储蓄率的降低，而储蓄率的调整依存于大量深层次结构性和制度性问题的调整。

动态平衡十分重要，这不仅关系到动态福利最优问题，同时也关系到动态总供给与总需求的平衡和跨期资源配置效率。

投资能动主义（萨伊定律的逆否命题）也必须考虑短期财务的可持续性以及动态平衡的约束，公共投资与公共品投资最优规模是当前经济必须考虑的重要主题。

“稳投资”的重点和对策

王一鸣[①]

2018年，我国经济保持总体平稳、稳中有进的发展态势。与此同时，经济运行稳中有变、变中有忧，面临近年来少有的复杂局面。2019年，我国经济仍将面临多方面挑战，外部环境不确定性增多，经济运行面临下行压力。发挥投资对稳增长的关键作用，对于保持经济持续平稳增长，补齐重要领域短板，推动经济高质量发展都具有十分重要的意义。

一、当前投资下行偏离正常趋势

2018年，我国固定资产投资同比增长5.9%，创过去19年来最低，增速已连续10年下滑，扣除价格因素后，投资实际增长不足1%。特别是基础设施投资回落幅度较大，全年基础设施投资仅增长3.8%，增速比上年回落15.2个百分点。虽然2018年下半年，已采取降低存款

① 王一鸣，中国经济50人论坛成员，国务院发展研究中心副主任。

准备金率、加快项目审批和地方专项债券发行等措施，推动四季度投资增速有所回升。但是，当前投资稳定增长的基础仍不牢固。2019 年 1 月全国起重机指数较上月环比下降 13.9%，比 2018 年一季度平均水平下降 14%。起重机指数继 2018 年 12 月环比下降后，已连续两个月环比下降且降幅呈扩大趋势。由此可见，投资下行压力仍然较大。

2011—2018 年，我国全社会固定资产投资增速由阶段性高点 23.8% 下降到 5.9%，实际投资增速由 19% 下降到不足 1%，投资增长已进入一个持续下行通道。2017 年以来，投资的实际增速已明显低于经济增速（见图 3.22），这反映了经济由高速增长阶段转向高质量发展阶段过程中投资增长的重要变化。

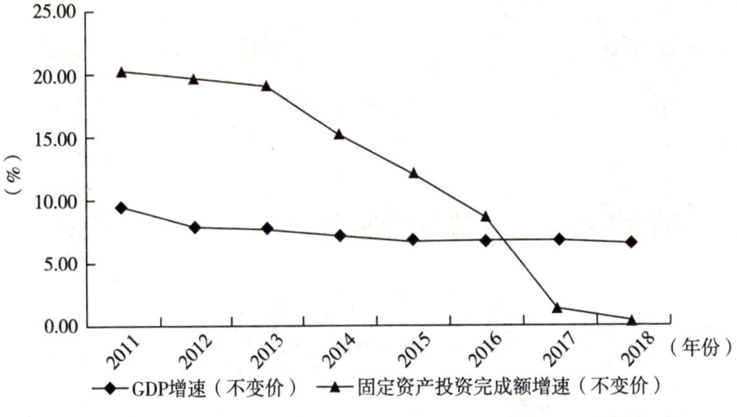

图 3.22　2011—2018 年 GDP 与固定资产投资增长对比（不变价）

从中长期趋势看，投资进入持续下行通道主要是储蓄率下行决定的。高储蓄率带来高投资率，储蓄率下降必然导致投资率下降，在这个过程中，投资增速下行有其必然性，而且投资增速降幅往往比经济增速下降幅度更大。我国总储蓄率已由 2010 年的 51.5% 下降到 2017

年的46.4%，平均每年下降0.73个百分点。我国高储蓄率很大部分来自政府和企业的储蓄。随着经济增速的持续回落，企业综合成本上升，盈利空间受到挤压，企业储蓄率趋于下降。政府支出压力增大，加之近几年通过减税降费刺激经济增长，导致政府储蓄率下降。与此同时，随着房地产价格攀升，居民收入大量投入住房领域，家庭负债率迅速上升，居民储蓄率大幅下降，这些都成为储蓄率下降的重要因素。

但也要看到，当前我国投资增速下降虽有其内在合理性，但增速下降过快，已偏离转型期正常趋势。对比日本、韩国经济转型期的状况，其共同特征是投资增速逐步下降并略低于GDP增速。日本1975—1985年实际投资增速比经济增速低1.3个百分点，韩国2000—2010年实际投资增速低于经济增速0.8个百分点，而2018年我国实际投资增速比GDP增速低近6个百分点，降幅远大于日本和韩国相似阶段的水平。这表明，我国投资增速下降已较大幅度偏离了正常下行趋势。

二、2019年投资仍面临下行压力

2019年，受内外各种复杂因素的影响，我国固定资产投资仍将面临下行压力。

（一）房地产开发投资增速可能出现明显回落

2018年房地产投资增速总体平稳，全年同比增长9.5%。从2016年开始的这一轮房地产投资反弹，离不开去库存、棚改货币化安置和较低房贷利率等短期因素支撑。但从2018年下半年开始，随着限购、限贷、限售、限价等措施的滞后效应开始显现，房地产市场形势发生明显变化，特别是房价上涨趋势的扭转，房地产企业现金流的趋紧、融资成本的大幅上升，导致购地能力和意愿普遍下降。房地产开发投资由土地购置费和建安支出两部分组成。2018 年下半年开始出现大量土地流拍或底价低价成交的现象，全国土地购置费当月同比增速也从 2018 年 6 月的 88% 降至 11 月的 39%。从土地流拍或底价低价成交增多，以及房地产施工面积增幅放缓看，2019 年房地产投资增速可能会出现较大幅度下降。

（二）制造业投资增速将有所回调

2018 年制造业投资增长 9.5%，总体上延续了过去两年的回升态势（见图 3.23）。这主要受益于上游行业利润回升，企业资产负债表改善，加之原材料市场需求回暖，带动原材料行业投资回升。与此同时，受“抢出口”和人民币贬值效应两方面的影响，全年按美元计价的外贸出口增长 9.9%，对制造业投资有明显拉动作用。2019 年，这两方面的因素都将减弱，规模以上工业企业利润 2018 年下半年呈现逐月回落态势，11 月当月增速由正转负，下降 1.8%，12 月下降 1.9%。随着企业利润下降，资产负债表可能出现逆向调整，企业扩大生产、新增产能的投资意愿将受到影响。与此同时，随着前一个时期“抢出口”效应减弱，2018 年 11 月、12 月按美元计价出口同比仅增长 5.4%、−4.4%，环比增速分别下降 10.2 个百分点和 9.8 个百分点。2019 年，受全球经济放缓和 2018 年高基数的影响，出口增速将明显回调。上述两方面因素的共同作用，将使 2019 年制造业投资进一步承压。

（三）基础设施投资增速难有大幅回升

2018年基础设施投资增速回落幅度较大，虽然四季度在政策推动下投资增速有所回升，但全年基础设施投资仅增长3.8%，增速回落15.2个百分点（见图3.23）。2019年，在政策支持和重点项目资金保障力度加大的情况下，基础设施投资将有明显回升，但仍将受到减税降费和控制地方政府债务的约束。减税降费将使中央和地方政府财政收入增长放缓，据测算，2019年全年减轻企业税收和社保缴费负担近2万亿元。控制地方政府债务，坚持堵“后门”、开“前门”，坚决遏制违法违规举债，地方政府资金来源将受到限制，对基础设施投资增长也将形成制约。2018年末，地方政府显性债务余额18.4万亿元，而隐形债务余额要大于显性债务余额，且近年来地方政府隐性债务扩张

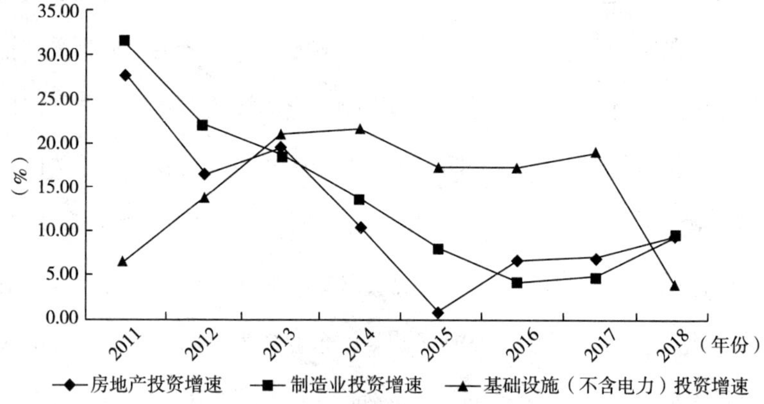

图3.23　2011—2018年房地产、制造业、基础设施（不含电力）投资增速

速度要明显快于显性债务扩张速度。如果算上隐性债务，绝大多数省份的债务融资空间已非常有限。2019年全年城投债到期偿还量1.4万亿元，比2018年增长13.5%。在庞大的债务规模和还本付息的压力下，

投资扩张将受到明显约束。在减税降费和控制地方政府债务双重约束下，基础设施投资增速难有大幅回升。

（四）民间投资增长动力仍然不足

2018年，民间投资增速达到8.7%，但回调压力正在逐步显现。去杠杆的不对称效应，影子银行萎缩对民企融资造成较大冲击，信用债违约风险也加大企业融资难问题。民营企业相对集中在下游制造业，利润增长偏低，而原材料价格回升和用工成本上升进一步挤压民营企业利润，投资能力受到制约。加之国内市场需求不旺，中美经贸摩擦走势仍不明朗，环保标准提高和执法趋于严格，一些行业环保成本大增，民营企业市场预期不稳，投资动力仍显不足。

综上所述，2019年受房地产市场销售回落和政策调控影响，房地产开发投资增速可能将明显回落。企业赢利水平下降和投资能力减弱，制造业投资增速将有所回调。在减税降费和控制地方政府债务双重约束下，基础设施投资增速难有大幅回升。民营企业市场预期不稳，投资动力仍显不足。虽然在政策支持和重点项目资金保障力度加大的情况下，基础设施投资增速将有所回升，但难以对冲房地产开发投资和制造业投资下行，2019年全年投资仍将面临下行压力。

三、“稳投资”的重点和对策建议

“稳投资”在内涵上，不仅是要保持投资的稳定增长，避免投资增速的大幅回落，而且更重要的是，要持续优化投资结构，提高投资效率，为高质量发展创造条件。今后一个时期，我国经济仍有潜力实现中速增长，保持一定水平的投资增速，既符合规律，也是推动供给侧结构性改革、增加有效供给的必要条件。

当前，面对经济下行压力，要强化逆周期调节，积极落实“稳投资”政策，合理有效扩大投资，特别是合理扩大政府投资，加大基础设施补短板力度，围绕国家战略需要，加大新型基础设施、关键核心技术和公共服务领域投资，同时通过深化改革，重构民营企业信心，增强市场主体投资热情，深入挖掘投资增长空间，为经济平稳运行和高质量发展提供有力支撑。

（一）“稳投资”要进一步统一认识

我国仍是发展中国家，与发达国家相比，资本存量和人均资本存量仍有较大差距，特别是乡村基础设施、传统产业技术改造、关键核心技术、公共服务等短板领域仍然突出，投资需求潜力仍然巨大。不要一提扩大投资，就觉得是要“放水”。对此，要进一步统一认识，发挥好投资的关键作用。当然，“稳投资”也要创新方式，着力提高投资效率，避免低效投资，过度债务驱动，甚至产生挤出效应。

（二）继续加强基础设施补短板投资

推进落实基础设施领域补短板力度有关举措，继续加强铁路、公路、水运、机场、水利、能源、农村、生态环保等基础设施投资，缓解结构性供给不足。加大在建项目的资金保障，鼓励地方政府盘活存量财政资金，重点用于在建基础设施项目，防止出现“半拉子”工程。

加快推动川藏铁路、沿江高速铁路、北煤南运通道体系、跨区输电通道、西南水电等重大项目的规划建设，加快推进天然气管网设施互联互通建设。

（三）加大新型基础设施投资

当前，新一轮科技革命和产业变革加速推进，信息网络技术加速向智能化方向发展，呈现网络互联的移动化、泛在化和信息处理的高速化、智能化，促进创新链、产业链的代际跃升。这些新技术推动的新动能的培育和发展，离不开新型基础设施的超前部署和投资，特别是5G、人工智能、工业互联网、物联网、云计算等基础设施的投资，这些领域投资空间和潜力巨大，需要加大投资力度。

（四）加强传统产业改造升级投资

我国已建立比较完整的产业体系，但“大而不强”问题突出，多数企业仍处于中低端水平，产能过剩与高端供给不足并存。要加快制定传统产业改造升级的指导意见，加大技术改造投入，组织实施新一轮技术改造升级工程，运营互联网、大数据、人工智能等新技术改造传统制造业，促进制造业全产业链、全价值链的信息交叉和智能协作，着力提高高端装备和核心零部件的精度、稳定性、可靠性和使用寿命，进而提高产品的质量和性能，增强制造业国际竞争力。

（五）加强关键核心技术领域投资

我国一些产业领域关键核心技术，特别是芯片、航空发动力、机器人核心部件、储能技术、高端医疗设备、生物制药等受制于人的局面尚未根本改变，具有自主知识产权的关键核心技术有效供给不足，已成为制约我国提升产业链水平的“瓶颈”。这些关键核心技术，往往投入大风险高，企业缺乏投资意愿和能力，需要通过国家和企业合力投入，取得重大突破，从而有效追赶国际先进水平。

（六）避免房地产投资回落幅度过大

完善房地产调控政策对稳定房地产市场、避免房地产投资回落幅度过大有重要意义。面对复杂的房地产市场形势，要尊重规律，因城施策，从短期的行政性调控为主转向更加重视通过市场手段实现调控目标。更加重视因城施策，赋予地方更多调控自主权和灵活性。在坚持既有调控政策取向的前提下，有序退出行政性限价措施。加快建立“人地挂钩”和“房地联动”机制，提高供求矛盾突出的超大、特大和热点城市的商品住房用地供应规模和占比。针对土地流拍增多、企业投资意愿不强等下行态势，以及市场信心脆弱和预期不稳定等问题，要保持房地产调控政策的稳定性，避免房地产投资过度回落。

（七）加强公共服务领域投资

把“稳投资”中与补齐基本公共服务短板、加快基本公共服务均等化结合起来，重点加强义务教育、贫困地区县域医疗卫生服务能力、妇幼健康体系、基本养老体系、社会福利体系、公共就业服务、公共体育设施、公共文化设施、残疾人公共服务体系等建设，加快推进环境保护、生态修复、防灾减灾等设施建设，提高公共服务供给能力和水平。

（八）充分挖掘重点地区投资增长潜力

从区域看，要重点支持京津冀、长三角、粤港澳大湾区、山东半岛等重点城市群加快推进城际铁路、市域（郊）铁路和综合交通枢纽规划建设，实现互联互通，加大水环境、大气污染治理的投入，推进雄安新区、海南自贸区的骨干路网建设。从省级看，对财政现金流、地方专项债额度、项目储备等方面有条件的省份，要加大支持力度，进一步释放投资潜力。

（九）重构市场主体投资信心

“稳投资”关键是激发市场主体的投资热情。要进一步加大改革力度，确立“竞争中性”原则，完善公平竞争的市场环境。进一步健全以公平为核心的产权制度，营造法治化制度环境，保护民营企业家人身安全和财产安全，增强民营企业信心。通过减税降费，降低增值税税率和养老保险费率等改善投资环境。加快出台政府性基金支持 PPP（政府和社会资本合作）项目的相关政策。鼓励民间资本采取特许经营、基础设施资产证券化等多样化路径和混合所有制、联合投标体等具体方式参与 PPP 项目。

（十）创新政府投融资模式

创新政府投融资模式，提高财政资金使用效率，是“稳投资”的重要保障。在严格控制地方隐形担保和隐性债务的条件下，应考虑在划分中央和地方事权的基础上，平衡中央和地方的融资能力和财政支出责任，根据地方财政支出责任设置与其相一致的地方债务融资渠道和额度。允许地方专项债券在单个项目自求平衡的基础上，在交通运输等领域探索整体平衡的债务偿还模式。重新评估现有的各种财政性奖励和补贴资金的实际效果，将效果不明显的资金适当归并并转为财政性投资。减少对竞争性行业的财政性投资支出，将财政资金重点投向战略性和民生性行业。研究发行长期建设国债，保障投资周期长的基础设施项目融资需求。

第四章　经济改革与稳预期

Chinese Economists 50 Forum

供给侧改革与需求侧调控并行不悖

樊纲[①]

一、经济变量是有时间维度的

所谓经济变量的时间维度，是指它是可以短期内就发生变化的，但需要较长的时间才能发生变化并对其他经济变量产生影响。比如，劳动力这个变量，现在说我们劳动力不够了，要通过改变生育政策、鼓励生育以增加人口，这个变量就是一个“慢变量”，因为从现在鼓励生育，即使假定生育意愿存在，也需要至少18年的时间一个婴儿才能长大成人，改变劳动力的数量。体制改革这个变量，不能说完全是慢变量，但在多数情况下，由于各种因素的作用，关于如何改革要经过许多讨论，一项改革还要与其他体制相协调，等等，一般不会是很快的。党的十八届三中全会列出的改革任务，到今天真正完成并见效的并不多。所以，如果是“通过体制改革，稳定预期、稳定投资”，在10年或20年的时间维度中看，是对的。但是如果是通过体制改革

---

① 樊纲，中国经济50人论坛学术委员会成员，中国经济体制改革研究会副会长，国民经济研究所所长，中国（深圳）综合开发研究院院长。

稳定 2019 年的预期与投资，就很难真正实现，因为当 2019 年结束时，体制可能还没有发生任何改变。

经济变量也有短期就能发生改变的，比如利率。中央银行看到通货膨胀正在升高，立即决定加息，第二天全国金融机构贷款的利率就能提高，货币供给出现收缩。中央政府认为当前的总需求不足，决定通过增加预算支出扩大投资，第二天就可以安排财政部准备项目，下一周资金就可以到位，开始在市场上买东西扩大投资需求。

所以，我们要对经济变量，特别是“政策变量”的时间特征，有清醒的认识。当提出一项政策建议时，需要了解政策实施见效的时间。没有时间概念的政策建议，是无效的政策建议。

通常我们做短期政策建议时，要假定长期变量不变，就是这个道理。当我们实施短期宏观调控政策时，我们要说一句“假定体制不变、资源条件不变，人们的偏好不变……”，这些被假定不变的东西，在长期内都是可以变化的，只是在短期内，它们是很难变化的。

二、供给侧的变量多是长期变量

所谓“供给侧”，指的就是生产活动，就是生产力。经济增长是供给的增长,经济结构的改变或提升是供给结构的改变与提升。发展经济，说到底就是发展生产力，实现经济增长。所以经济学研究中最重要的部分，就是供给侧的问题。

也许正是因为供给就是生产，供给能力就是生产力。提高生产力的各种增长因素，大多数都在时间上具有长期的特征。前文提到增加劳动力，需要十几二十年。搞教育，从建成学校开始，学生从小学到高中毕业，需要 12 年的时间。大学就需要更长的时间了。资本形成，建一个工厂时间有长有短，一个投资决策做出以后到产品出厂，可能会花费 1 年时间，在重工业花费 2～3 年也是可能的。

另一个重要的增长要素是科技进步和科技创新。这是必须经过长期的艰苦努力才能实现的事。一个企业发展进步，接近了技术的前沿，才谈得上有了创新的能力。而且，真正的技术创新，特别是具有革命性的技术创新，在时间上是无法预测的、随机的，不是你能计划和预见的。如果是想在一两年的短时间内通过重大技术革命实现经济增长，这种想法基本是不可靠的。但它可能真的奇迹般地在一年发生了，那也只是机缘巧合，它可能十年后也不发生。你不能制定一个经济政策是把经济增长的宝押在一个小概率事件上。

体制改革是经济增长也就是供给侧生产力提高的一个基本要素。方向正确的体制改革导致资源配置和资源利用的效率提高，从而提高生产力。体制改革加强了对创新和投资的激励，从而促进经济增长。但是体制改革一般是需要时间的。一些重大的制度，可能需要几十年的时间才能改革到位。比如国有企业体制改革，40 年前就开始研究、出台政策，40 年后仍然不能满意。又比如金融体制改革，中国股票市场改革多年但现在注册制仍然没有确立，对企业直接融资、促进投资增长和效率改进没有起到任何帮助。房地产税讨论了十几年仍然没有出台。房产税最终使“长效机制”这个词有了新的含义，即只有在长期的未来才能起作用的机制。如果指望房产税马上能稳定市场，那房地产市场的泡沫现在可能仍然膨胀。

以上分析的有关供给侧改革的因素，对经济的发展和增长的质量，是最根本、最重要的决定性因素。正因为这些要素十分重要，所以要一刻不停地努力做事，长期坚持改善教育、积累资本、自主创新、体制改革。因其长期，所以不能讲一次、讲一时，而要年年讲、月月讲、天天讲。否则，这些方面的改进就不会在日积月累中见到实效！

三、短期变量主要在“需求侧”

供给侧也有短期因素，比如去产能、去库存、去杠杆。第二节所论述的生产力形成，是一个长期的过程。包括过剩产能，其形成过程也不可能是短期的，建一个钢铁厂需要两三年的时间。但是，一旦认定它是过剩产能，要把它从物理上除掉、炸掉（或者最简单的，就是废掉、停掉），一个星期甚至一天就可以做到。当然现实中这会涉及人员与体制，并没有那么简单。现实中去产能、去杠杆也会拖一段时间，但是只要所有人同意存在产能过剩和供求再平衡的问题。而且不能在需求侧解决，即不能靠扩大内需来解决，因此要在供给侧通过去掉一部分产能来解决。这时，如何采取行动就是一个短期问题。

短期变量，也就是随时可以改变的经济因素，主要都在需求侧。基本的逻辑在于，需求是人们决定花不花钱和怎么花钱的问题。它不像供给侧，为了满足需求，要花时间建工厂提高技术扩大生产力。有了钱可以花，随时可以花。这就是个短期问题。对政府来说，不仅财政政策变量可以在短期内发生调整（包括政府发债借钱来花），还可以通过调整货币数量，最终扩大信贷规模，让企业和个人有更多的钱来买东西，从而扩大需求。反之亦然。在中国，住房市场需求过旺，政府还可以出台行政手段，在一夜之间削掉一大块需求（使一部分存在着的购买力，无法成为有效的需求）。这些都是对短期变量的调节。

短期变量的作用就在于，它们是可以在短期内实现调整从而可以在短期内就达到政策目标的。假设我们面临地方债务扩大、地方投资太多，从而导致经济过热的风险加大，当前（2019年）就要把这个趋势抑制住，这时怎么办？有人会说我们要用“深化体制改革，改革中央与地方的关系，改革地方财税制度，使地方政府对债务负责”的办法来消除风险。这种办法具有实操性吗？这个目标什么时候能实现？过去70年我们一直饱受中央与地方“一放就乱一收就死”的困扰，一直在不断地修改和调整，再有一二十年改革也许大有成效，但是要在2019年见成效，恐怕可能性是微乎其微的。因此，我们就只能在需求侧用严控地方债务规模的政策（原则上说这并不属于财政政策，而是行政管控），来立即削减投资需求的规模。比如当前出现地方和企业特别是民营企业投资意愿不足、动力不足的问题，导致经济下滑，甚至出现了2018年投资增速低于GDP增速的不正常情况时，需要采取什么措施。从长期看，根本的解决办法是体制改革，特别是鼓励民营企业长期发展的各种体制。但是由于涉及方方面面，现在加大改革力度，见到效果也要2～3年甚至更长的时间。而我们在当前，也就是2019年，就要稳投资、稳预期，在2019年就有效防止经济下滑过度，不仅是防止浪费资源，而且要防止导致更大幅度的信心不足和投资不足。这时需要采取什么措施？也是只有在体制改革的同时，运用需求侧的财政政策，用扩大政府投资的办法，扩大投资需求，并通过“乘数效应”，拉动市场需求，才能在 2019 年一定程度上稳预期、稳投资，从而稳住增长的速度。（这里要注意的是，在投资信心不足、投资预期回报率过低的情况下，“流动性陷阱”导致货币政策失灵，只能更多依靠财政政策。）

四、需求侧的短期宏观调控政策有利于经济的稳定发展和动态效率的提高

供给侧的各种因素，决定着经济发展的质量和长期经济发展的“潜在生产力”，也决定着资源利用的生产效率和配置效率，因此供给侧结构性改革对于经济长期发展来说是决定性的。但是这并不否定在需求侧对总需求进行短期调节，使之不发生大起大落、大波动，从而不拉动总供给也发生大波动，也是有重要意义的，这个意义就是提高资源期间配置的效率或称为经济的“动态效率”。经济大波动是很“浪费资源”的——经济过热时由于需求过大，人们过度投资，用宝贵资源建成了大量生产能力，事后发现市场需求并不理想，结果这些生产能力就变成了过剩产能，还要用各种方法“去产能”。而且，当市场泡沫破裂，出现经济过度下滑或长期过度低迷时，还会导致一部分本来有用的生产能力和生产资源过度闲置，生产力发挥不出来，这也是一种资源浪费。这都属于资源浪费、动态效率不高的情况。因此，需要在需求侧采取“宏观调控”政策，在经济趋于过热的时候采取紧缩性政策抑制总需求，在经济过冷的时候采取扩张性的宏观政策扩大总需求，以达到“熨平”经济波动、充分实现但又不过度消耗潜在生产能力的“动态效率”，使经济得以稳定发展。

需求侧的重要性在于，需求的波动导致（拉动）实际总供给也就是经济增长的波动，所以现代宏观经济学的基本逻辑之一是“需求决定论”，不是说需求决定生产效率和配置效率的高低，而是说需求通过拉动供给的波动而决定动态效率的高低。我们要防止经济出现大波动，就需要从需求侧入手，通过宏观调控和逆周期调节，保持经济的稳定增长。

五、现代市场经济是在“原始市场经济”基础上加进了“宏观调控”的经济体制

目前存在一个误解，由于需求侧的宏观调控是政府操作的政策。因此，进行宏观调控就有悖于市场化改革。这是混淆了现代市场经济体制与“原始市场经济”。

18—19世纪西方的市场经济可以说是“完全自由”的市场经济，只要有了私有制，有了自由定价制度，就有了市场经济。但是这种市场经济发展起来之后，出现了各种问题。于是，从19世纪中叶开始，市场经济制度本身在西方发达国家经历了逐步加入一些新因素的阶段。这些新因素是：第一，针对贫困和两极分化而引入的社会保障制度；第二，针对各种市场“外部性”（当然主要是负的外部性）而建立起来的法律法规，像环境污染这样的外部性都有了一定的法律制度加以处置；第三，针对各行各业信息不对称产生的危害，建立了各种“行业监管”，包括金融监管；第四，针对经济波动，建立了宏观调控制度。第四项新因素的最初形成是在1929年大危机之后的大萧条时期。以1936年

凯恩斯《就业、利息与货币通论》出版为标志，形成了现代宏观经济理论的框架。以1933年罗斯福当选美国总统后实行的“新政”为标志，开启了有宏观调控的市场经济的新时代。

尽管在当时的背景下，凯恩斯主义和罗斯福新政都是将扩大内需作为政策的主要内容，但是80年来宏观经济学的发展，宏观调控政策的内涵显然已经不是单方面刺激经济，而是发展为双边的“逆周期调节”，是与企业家“动物精神”和市场周期“对着干”、以“熨平波动”为目的的宏观经济管理机制。

发达的市场经济国家运用宏观调控政策不遗余力。美国运用逆周期调节，从大萧条结束到2008年以前的70年左右的时间里，没有发生大的危机和经济波动。20世纪80年代为了抑制通货膨胀，美国不惜大幅度提高利率。2008年美国金融危机和欧洲债务危机爆发后，美国运用一切宽松宏观经济政策托住经济，欧洲则长期实行负利率的宽松货币政策至今还没有退出。日本在20世纪90年代初泡沫破裂后，一方面表明要进行“结构性改革”（所谓的“第三支箭”），但另一方面，政府债务与GDP的比例到了250%，仍在实行“超宽松”货币政策而没有放松，维持着经济不再下跌。这些政策本身当然也可能有各种各样的“后遗症”，但其积极作用，也是可以计量的。

六、我国历史上逆周期调控对稳定经济增长起到过积极的作用

对于发展中国家来说，特别是处在高速增长时期的发展中国家来

说，宏观经济调控的首要任务是防止过热，而不是扩大需求。一切经济波动的起因都是因为出现了过热，泡沫破裂导致产能过剩和债务率过高，引起经济下滑。而在一个高速增长时期，就特别容易产生过热。我国在20世纪90年代初期出现了过热，及时在需求侧采取了紧缩银根的政策，防止形成大泡沫，才使经济在1995—2002年实现了软着陆，没有出现危机和衰退。2005—2007年经济再次进入高速增长时期，政府采取了一系列紧缩性宏观调控政策，抑制投资过度，才避免了大的泡沫。2008年进一步加大力度，使GDP的增速从14%一度下调至6%，实现了一次成功的自我调整。如果不是2008年底世界金融危机爆发，我们或许可以在自我调整的基础上进入一个比较平稳的发展时期。

七、“失控”不是“调控”：2009年放开地方“平台贷款”是导致失控和过热主要原因

2008年经济危机爆发后，20国集团峰会各国同意采取宏观调控措施稳定经济。我国政府面对“断崖式下滑”的对外贸易，也采取了“刺激性”的宏观调控措施。但是这次刺激政策本身似乎引发了一次投资过热，导致了产生更多过剩产能。时至今日，这次刺激政策的标志性量化名称为“四万亿元”。“四万亿元”是指当时公布的政府四万亿元的财政刺激政策。许多人将这次刺激政策称为“大水漫灌”，以此来形容大量政府支出导致的宏观经济失衡。

但是在这里，我们首先要纠正几个被错误使用的概念，并由此分

析一下当时究竟发生了什么。

第一点，什么是刺激政策，以及什么是财政刺激政策。当时中国政府宣布的财政刺激政策总量，是四万亿元的投资与支出项目。但是首先，这四万亿元是两年政府计划进行投资的总支出，平均每年只有两万亿元。把两年的计划支出放在一起说，气势更大，更能起到“提振信心”的作用，值得称道。但是严肃的经济分析就不能说四万亿元，而应该说一年两万亿元。

第二点，更重要的是，在这一年两万亿元的支出中，真正的刺激政策并不多。在财政政策的意义上，什么是“刺激政策”？其定义应该是“无中生有的需求”，也就是要通过增加财政赤字、政府债务而产生的“额外需求”。按照这个定义，那两万亿元中，绝大多数只是“转移支付”，属于政府由日常税收收入支撑的投资支出，是政府本来就要做的事，而不是新增加的由债务支撑的“额外”支出。当然债务也不是完全没有。当年中央政府财政赤字从平常的 GDP 的 1.9%（上一年的比例，这里我们将其视为在不采取刺激政策情况下，政府还债付息增加支出不可避免会发生的“日常的”赤字额度），上升到了 2.6%，也就是增加了 0.7 个百分点。这在当时相当于不到 2 500 亿元的债务。把日常的转移支付也都算作刺激政策，数字就增长了近 9 倍，这也有利于提振信心，也是一个很好的宣传，无可厚非。但是，严肃的经济分析，就不能把两者混为一谈。

那么，这么小的刺激政策，怎么就形成了现实中的“大水漫灌”了呢，难道政府就没有责任吗？

第三点，我们上面说的，只是中央政府预算的赤字，也就是由中央政府债务支撑的投资支出，不包括地方政府债务及其支出!

1993年我国通过了《预算法》，明文规定地方政府不得借钱花，既不许从银行贷款，也不得向公众发债。从那之后地方政府债务明显减少，但还是有一些拐个弯的借款，即通过地方融资平台（国有企业，城投公司等）从银行以企业的名义发生的债务。不过在相当长的时间里，对这种借债一直还是有限制和控制的。从1993年到2008年底，银行系统中这类贷款的余额一共有1万亿元。而在2009年，为了尽快扩大内需，中央银行与监管当局制定政策，允许甚至“鼓励”地方政府建立一些平台机构，扩大融资增加项目。结果，就发生了地方政府借债的严重失控！到年底一算，一年就增加了6万亿元！余额总计达到了7万亿元。这6万亿元相当于当年GDP的17%！这就是“大水漫灌”的真正来源!

地方政府债务也是政府债务。政府的“放开政策”，也属于当时刺激政策的一个组成部分。正是在这个意义上，严肃的经济学分析对这一次刺激政策的量化指标就不应该是4万亿元，而应该是6万亿元（加上中央政府的2万亿元）!

然而，从上面的分析我们也可以看到，中央政府“放开了”地方政府借债，却并没有对地方债务做出定量的计划或规定，当时甚至没有在政府投资总计划中将其包含进去，并进行量化估值。因此，严格地说，这属于一种带有很大盲目性的政策安排，是“失控”，而不是建立在科学分析基础上的“调控”。

八、结论与教训

从以上的一系列分析中，我们可以得出以下的一些结论。

第一，供给侧结构性改革，特别是对那些长期增长要素的改进，关系到一个经济体能不能持续增长、高质量增长，这是最根本性的问题。因此要时刻抓住不放，当作政府工作的头等大事。而与此同时，在需求侧进行适当的宏观调控，也是必要的。它可以保证经济平稳发展，少一些大波动，减少动态损失。

第二，宏观调控政策的力度或数量的计算，既要包括中央政府的赤字与支出，也要包括地方政府的新增债务，无论是公债收入还是银行贷款。通过各种渠道借的钱，也都要纳入统计，才能把问题说清楚。不能总是稀里糊涂地算账，却不知道问题出在什么地方！中国这样一个单一制的大国，不包括地方政府债务变化的宏观调控政策，不是一个科学的政策，是缺乏起码的理论与科学依据！

第三，中央政府的宏观调控政策，本身就要包括对地方政府债务（总额）的控制。地方政府的利益在于发展地方经济，客观上它们不对宏观经济表现负责。全国的就业与通货膨胀，不是地方政府关心的问题，它们无法起到稳定宏观经济的作用。而在中国这样一个单一制国家，地方政府债务的最终还款人其实还是中央政府（或者说，是“全民”）。因此，中央政府负起宏观调控责任的含义之一，就是要在债务问题上控制地方债务的增长。现在修订后的《预算法》已经以法律形式明确了这一关系，今后要认真依法办事。

第四，无论情况有没有“失控”，在计算财政政策的“力度”时，都需要将地方政府的借债与支出计算在内。过去我们所说的“政府赤字”，只计算中央政府的债务，而没有包括地方政府事实上的负债，这是非常容易导致政策失误的。地方政府债务无法列入正式的统计体系，有许多属于隐形债务，这些实际上说明我们的财政金融体系还存在着重大的缺陷。《预算法》的修订，为财政金融体系的改革奠定了基础，我们应该从现在起就计算每年的政府赤字总额，把地方政府的当年新增债务包括进来，并以此为依据计算财政政策的力度，谨防失误！

只有做到了以上各点，我们才能有科学的、适当的、有度的、节制的宏观调控政策。任何政策当然都是要有一个度。不经过科学分析和定量计算的政策，都属于盲目性。但反过来，也不能因为过去出现过“大水漫灌”式的盲目性，就否定中央政府应该严肃地、科学地和及时地担负起宏观调控的职责，制定科学的、必要的宏观调控政策，要保持经济的稳定发展，不出现过热，也不出现“过度低迷”！

稳预期与平等保护产权

魏杰[1]

稳预期实际上就是稳信心，在社会各个阶层对经济增长都没有信心的条件下，经济就丧失了活力，经济增长就无从谈起，因而稳预期是极为重要的。如何稳预期？从我国目前的状况来看，稳预期要注重两种情况：首先，经过 40 余年的改革，人们已经从无产者变为了有产者，有产者最担心的一件事是自身的财富安全，因而财富安全涉及人们的预期，甚至与预期成正比，财富越安全，预期越好；其次，经过 40 余年的改革，民营经济发展迅速，民营经济对经济增长、税收、就业的贡献分别达到 50%、60%、80%，民营经济发展的最基本要求是自身的财富安全，如果财富受到不公正的侵害，民营经济的预期就会很差。上述这两种情况表明，我国目前稳预期的关键，是要保护人们的财富安全。如何保护人们的财富安全？保护人们财富安全的制度设计，就是保护产权，也就是平等保护产权。因此，稳预期的核心问题是平等保护各类产权。

---

① 魏杰，中国经济 50 人论坛成员，清华大学文化经济研究院院长。

同时，市场经济的重要内容是保护产权，没有产权保护就谈不上市场经济。大家知道，中国经济治理目前面临着对效率与公平的双重挑战。一方面，2016年以来中国经济的下行压力不断加大，政府刺激政策的作用不断减弱、时效愈发缩短，经济增长需要内生动力但仍步履蹒跚。另一方面，社会公平的矛盾持续积累，大量违背社会公平的现象长期未能得到纠正，新的不公平矛盾又不断涌出，而人民群众的公平意识、民主意识、权利意识不断增强，对社会不公平问题反映越来越强烈。效率与公平的双重压力造成当前中国经济的治理困境：治理政策已不能再简单地牺牲公平换取效率，或是牺牲效率换取公平。破解这一困局需要全面深化改革，其目标就是要在提升效率的基础上实现发展成果的公平分配，让一切劳动、知识、技术、管理、资本的活力竞相迸发，让一切创造社会财富的源泉充分涌流，让发展成果更多、更公平地惠及全体人民，推动经济更有效率、更加公平、更可持续地发展。如何才能在全面深化改革中统一效率与公平？回答这一问题的关键在于认清造成当前治理困境的内在根源。我们认为，当下中国经济的效率与公平之所以遭受严重威胁，是因为产权未能得到有效保护。因此，我们应在全面深化改革的顶层设计中更加强调保护产权。这是统一效率与公平的核心点，也是稳预期的核心点。

一、有效保护产权与提升效率

经济增长的要素有四个，即劳动、物质资本、人力资本与技术。提升效率，就是要充分发挥这四大要素的作用。而中国当前出现的劳动激励不足、物质资本低质、人力资本流失、技术发展滞后等严重问题的深层次原因，就在于产权缺乏有效保护。因此，提升效率、实现中国经济转型升级，关键是进一步保护产权。

第一，有效保护产权是消除福利主义与民粹主义社会影响的前提，能够形成崇尚劳动的社会风气。

无论是简单劳动还是复杂劳动，无论是生产劳动还是管理劳动，无论是常规劳动还是创新劳动，劳动始终是我们产出经济成果的根本路径。激励个人劳动的，是通过劳动能够获得消费品以增加自身福利。但问题在于，获取消费品的途径却不仅有劳动。相较于耗费体力与脑力的劳动，另一种获取消费品的方式却要轻巧得多，那就是侵占他人劳动成果的分利行为。这在当代中国表现为福利主义与民粹主义。福利主义者坐等政府补贴，但政府财政收入不是凭空得来的，其占用的是劳动者缴纳的那些税收。民粹主义者以穷为荣，试图以“劫富济贫”实现自身富有，其实质是借“革命”之誉而行“动乱”之实。这两种思想产生的根源，就是无视他人产权，缺乏产权保护的自觉意识。一些靠自身勤奋努力而致富的人曾形象地说，只有好吃懒做的“二流子”才会忽视产权，在产权上实行无“政府主义”。或许有人会争辩，当前存在一些地方政府通过侵犯个人产权获取财富的情况，存在一些富人违背法律聚敛钱财的事实，“赖”政府的钱、“劫”富人的钱是将百姓的劳动成果归还百姓。这种想法是极端错误的！上述问题绝不是实行福利主义与民粹主义的理由！其产生恰恰源于少数官员与富人对大众产权的侵犯！想要政府收入合理、使之充分用之于民，想要保证致富者均源自勤劳努力，只能依靠有效保护产权。保护产权是经济制度的范畴，是形成勤劳致富社会意识的重要制度保障。这种制度一旦形成，有助于修正那种不依靠自身勤奋努力而试图侵占别人产权以实现富有的不健康思想，有助于形成崇尚劳动的良好社会风气。

第二，有效保护产权是践行“两个毫不动摇”的制度基础，能够增进物质资本积累的质量。

虽然新古典增长模型预测，长期经济增长中人均物质资本最终会收敛到稳态值，但在中国的工业化与城镇化尚未完成的当下，物质资本积累仍是吸引农村劳动力转移、促进经济转型升级的物质支撑。当前中国经济面临的问题不在于是否积累物质资本，而在于如何增进物质资本积累的质量，让累积的资本更少消耗资源、更多产出商品、更能满足需要。这要求进一步松绑民营经济，进一步改革国有企业，让各类产权形态成为平等的投资主体，在市场竞争中彼此促进、优势互补、共同发展。因此，我们必须毫不动摇地坚持和发展公有经济，毫不动摇地坚持和发展非公有经济。“两个毫不动摇”决定中国经济成为混合经济体制：在宏观结构上，国民经济中既有公有经济，又有非公有经济，共同推动经济持续发展；在微观结构上，企业中既有公有产权，也有非公有产权，共同促进企业经营活动。不同产权在宏观结构与微观结构中的竞争与融合，以及这种竞争与融合所引发的产权边界界定，让平等保护产权成为社会经济生活的核心问题。因此，中国特色社会主义基本经济制度在坚持“两个毫不动摇”时，就应该把平等地保护各类所有制产权作为根本原则。从这一点上讲，有效保护产权是中国特色社会主义基本经济制度的重要构成部分，是中国特色社会主义基本经济制度的应有之义。

第三，有效保护产权是消弭移民潮与维护社会稳定的关键，能够保障人力资本的长久累积。

人力资本是中华民族伟大复兴的关键支撑。历史上的大国崛起总是与人力资本的积累息息相关。例如，英国在18世纪确立霸权，很大程度上归功于因欧洲大陆的种族与宗教迫害而流入的人才。再如，第二次世界大战后美国霸权确立，也在很大程度上得益于因纳粹迫害和欧陆战争而涌进的科学与人文学者。践行中国梦迫切需要第三次世界人才大转移，但中国当前却出现了规模巨大而又隐蔽晦暗的移民潮。移民者大多是财产所有者。由于拥有知识、技术与企业家精神能更容易获得财产，这些移民者也多是人力资本所有者。他们为什么要积极移民？其最主要的原因，并非像一些学者认识的那样是为享受发达国家的社会福利，而是担心自己的产权不能在国内得到有效保护。这种非正常移民的后果非常可怕，它造成了物质资本与人力资本的双重流失，同时也动摇了社会的稳定，而社会的不稳定又将进一步削弱物质与人力资本的投资意愿。所以，有产者最害怕社会动荡，也最需要稳定。在中国，维护稳定的主要社会基础就是那些在40余年改革开放中受益而积累起自身财富的人，只有保护他们的合法产权，他们才会成为社会稳定的中坚力量。因此，践行中国梦，社会主义基本经济制度就不可能一成不变，就必然随经济发展和社会变革而不断调整和完善。在当前，社会主义基本经济制度应更加注重保护产权，尤其是放松对私人产权的限制。我们必须认识到，经过40余年的改革开放和经济发展，人民群众普遍希望拥有自己的财产，他们很大一部分已经成为有产者，人们越来越注重对自身产权的保护。保护自身产权已是民意所向。

社会主义基本经济制度应充分反映和体现这种迫切愿望。

第四，有效保护产权是破除“山寨风气”的根本举措，能够推动技术的持续进步。

作为人类社会发展的动力之源，技术的持续进步有赖于四大基础的支撑，即知识产权保护的法律基础、研发投资的物质基础、技术市场的组织基础与研发人员的人才基础。其中，知识产权保护是其他三项基础赖以实现的前提。但长期以来，由于对知识产权的实质性保护不理想，一出现某款新产品，其他企业便以更加低廉的价格“山寨”。表面上，“山寨”商家获得利润，技术实现扩散，消费者得到实惠。但实质上，“山寨”破坏了技术进步的根基，自主创新的激励严重不足，跟风、模仿、剽窃却蔚然成风，最终侵害消费者的长远利益。第一，缺乏产权保护，“山寨风气”会损害技术研发投入，滞缓技术创新。技术创新是技术进步的源头，但技术创新面临巨大的不确定性，需要不断试错与积累，成本高昂。“山寨”无须创新成本，这是“山寨”商品价格低廉的根本原因。创新企业通过研发投入发明新技术，是为了获取超额利润。没有知识产权的有效保护，利润就将会被“山寨”商家侵蚀。因此，如果谁都可以“山寨”别人的技术创新，企业必然不会下大力气投资研发，而是琢磨如何“山寨”别人的新技术，技术进步就成了无源之水。第二，缺乏产权保护，“山寨”风气会破坏技术市场运行，限制技术扩散。表面上，“山寨”能够更快普及新技术，并通过避免企业“重复性”创新而节约社会成本。但实际上，通过市场传播技术比“山寨”更有效率。一方面，在保护知识产权的情况下，新技术可以在技术市场中流动组合。最为需要也就是最能有效利用该项技术的企业，最有动力向原创企业引入该技术，支付创新成本的价格也最高，从而实现技术资源最优配置。另一方面，一些高精尖产品的技术集成，如芯片、高铁、飞机，无法通过低水平重复的“山寨”来实现，只能依靠市场交易完成各项技术的组合。而如果没有知识产权的清晰界定与有效保护，如果允许“山寨”广泛存在，就不可能存在技术市场。第三，缺乏产权保护，“山寨”风气会弱化研发人员激励，阻碍知识创新与传播。知识产权保护不是设立“秘方”，不是要阻碍知识交流与发展，而是要禁止未经授权就采用这些知识去生产商品。如果知识产权得不到有效保护，即便产权是归企业而非研发者个人所有，作为其引致需求的研发人员也难以获得相应的激励，从而难以实现人力资本与物质资本的有效结合。而新知识的创造者也就更不愿意知识被分享与传播，这不利于知识创新正外部性的溢出。

二、有效保护产权与促进公平

中国社会不公平问题的日益突出，主要表现在收入差距拉大、国有资产流失、征迁恶案频发、储蓄资产贬值、民企发展受困、黑恶势力膨胀、贪污腐败蔓延、集资乱象加剧、特权侵犯人权等各方面。这些问题的症结已不是简单的收入分配，而是财产获取权利、财产积累机会与财产交换规则的不平等。促进社会公平必须要交还百姓私权、转变政府职能、约束公共权力，其关键仍是进一步保护产权。

第一，有效保护产权能够将私权交还个人，实现财产获取权利的平等。

当前中国收入差距过大的一个重要原因是财产获取权利不平等。它导致财产性收入出现极化。一个最典型的例子：在法律上归全体民众所有的赢利能力极强的资产，没有能够惠及民众，反而被个别人通过廉价方式攫取并一夜暴富。而普通居民积累的大量金融资产却未能随着经济增长升值，占金融资产比重最大的储蓄存款甚至贬值，居民的金融财富实际是在向垄断金融部门隐性转移，难以实现富有。实现财产获取权利平等的关键是将私权交还个人，这需要产权得到有效保护。首先，有效保护国有产权，严禁国有经济中的贪腐与国有资产流失，让全体民众享受到国有资产红利。在当前国资委集国有资产监管职能与经营职能于一身的体制下，国有产权的社会职能与赢利职能无法有效区分，从而难以实现对国有产权的有效保护。在这种体制下，国有产权的社会职能，常常成为国有产权实际控制者侵吞国有产权经营收益的掩护与渠道，甚至以此将侵吞国有资产“体制化”“合法化”，从而使全民所有制财产异化成为某个社会阶层的财富来源。应将国有资产经营权从政府系统中分离并上缴国有资产红利，让其所有者即全体人民，能够真正监管全民所有制财产的运营，能够真正享受全民所有制财产的收益。其次，有效保护农村土地产权，防止地方政府与开发商为瓜分利益恶性拆迁，让广大农民能够切实享受到土地增值收益。这包含两个层面：第一，实化农民作为集体成员对农村土地的所有权，与城市土地的国家所有权相对应，实现同权同利；第二，实化集体所有而由农民承包的土地使用权，与城市土地的居民使用权相对应，实现同权同利。这要求切实遵照宪法，界定政府与农村土地产权的关系。政府征用农村土地，只应用于公益性建设，且给予足够补偿。而用于非公益性建设的农村土地，政府不能再作为交易主体，只能收取相应税收。农民应成为交易主体且自由进入市场，获取绝对地租与级差地租。最后，有效保护居民储蓄资产，打破国有金融体系的市场垄断，让亿万储户享受到经济增长中的储蓄收益。作为经济高速增长的发展中国家，中国应具有高于发达国家的资本收益率。但现实却是，一方面中国居民拥有的庞大储蓄资产的利率极低甚至为负，另一方面有效率的民营企业出现融资难，实际贷款利率极高。保护储蓄资产的关键是金融市场去垄断化，消解国有金融体系的垄断利润，让居民的储蓄供给与企业的投资需求有效结合。

第二，有效保护产权能够纠正政府职能错位，实现财产积累机会的平等。

不同产权性质的财产应在市场中平等竞争，由劳动生产率最高的一方实现财产的累积。但现实中，民营经济难以获得与公有制经济平等的资源使用和市场进入条件，造成市场竞争的机会不均等。例如：在政治地位上，政府领导对视察民营企业，常常避而远之；在资金筹集上，国有银行对民营企业贷款，常常苛刻刁难；在法律执行上，税务部门对民营企业收税，常常粗暴任意；在投资经营上，投资审核部门对民营企业投资，常常阻滞干涉。而市场竞争中私人产权与公有产权机会不平等的根源在于，政府总是试图经营产权却并没有把重心放在保护产权上。这是中国当前难以厘清国家与市场、政府与企业、监管与经营、宏观与微观等诸多社会经济关系的最主要原因。政府经营产权的结果只能是政资不分与政企不分，从而导致在产权上由政府经营与非政府经营的经济主体无法实现平等经营、平等竞争、平等发展，对各种所有制产权平等保护实际上就成了一句空话。财产积累机会的不平等会衍生出一系列的社会不公平问题。在政府经营公有产权越位而保护私人产权缺位的条件下，有的民营企业为保护自身财产，不得不依靠非政府力量，结果助长黑恶势力，甚至会形成“黑社会”存在的温床；有的民营企业为获取投资项目，不得不对政府中的一些人行贿，结果贪腐问题日益严重；有的民营企业为筹集发展资金，不得不搞社会集资，结果产生信用与债务乱象。可以说，黑恶势力、贪污腐败、集资混乱等负面社会现象的产生，从经济制度层面上讲，很大程度上是因为产权未能得到有效保护。而要实现有效保护产权，尤其是平等保护私人产权与公有产权，政府就必须从竞争性经营活动中退出。这其实就是要求彻底转变政府职能，从而倒逼政府体制改革，真正建立起服务型政府。

第三，有效保护产权能够让公众约束公权，实现财产交换规则的平等。

保护产权延伸到政治层面就是保护人权。人权面前人人平等，这是人类现代社会最核心的价值观。但我国目前公众积怨较多的一个重要问题是现实中特权的普遍存在，人权往往被特权侵犯。这一问题的经济根源就在于现实中财产等价交换的规则极易受到破坏。我们知道，财产交换所体现的不只是物与物的关系，也不局限在人与物的关系，而是体现了承载于物中的人与人交往的权利关系。其实，人权的一项基础性内容就是财产权。人人平等参与、平等发展的权利，经济内涵就是获取财产权利与积累财产机会的平等，而这又以财产交换规则的平等为前提。可以说，不保障财产的等价交换，就难以奢谈保护人的权利，也就无法实现人与人的平等。那么，谁在侵害财产的等价交换规则呢？当前，虽然存在私人与私人之间的财产侵害问题，但财产等价交换面临的最大问题仍是公共权力对私人产权的侵害。在中国，公共权力高于私人权力、公共权力可以随意侵犯私人产权的社会意识根深蒂固，政府的权力缺乏实际制约。这就导致公权的实际执行者，以及他们的“俘获”者，具备侵犯他人产权以增加自身利益的特殊权力。也就是，扭曲财产在市场中的交换规则是不等价交换。因此，保障财产等价交换，关键是要实现权力制衡，由公众约束公共权力。我们应卸下一些无谓的“包袱”，公众对公共权力的约束不是西方资本主义的特有产物，而是中国共产党自身的追求目标。早在延安时期，我们党就强调，跳出盛衰治乱的关键是让人民来监督政府。公众约束公有权力的根本举措就是要有效保护私人产权，使其不受公共权力侵犯。这包括三点：第一，实现司法权独立于行政权；第二，由于财产权属于司法权，行政权不能干涉私人财产；第三，司法权自身对私人产权的干预也要求法庭授权。

三、如何在全面深化改革中有效保护产权

当前的全面深化改革并不复杂，强调核心的一点就可以：有效保护产权。产权一旦得到有效保护，资源价格及要素价格自然在市场博弈中走向市场化，利率市场化和汇价市场化自然就能推进，市场决定资源配置也就得以实现。产权一旦得到有效保护，人们自然就会勤劳实干，注重长期投资，而不是相互欺诈恶斗、沉迷短期投机。产权一

旦得到有效保护，企业家队伍自然形成，人力资本自然回流聚集，企业家队伍壮大与人力资本累积是同保护产权的状况成正比的。产权一旦得到有效保护，企业自然投资于技术创新，人才自然致力于创新技术，创新驱动战略就能够实现。产权一旦得到有效保护，财产分配机制自然趋向公平公正，交易双方的利益自然实现共享双赢，人与人之间就能够实现平等包容。产权一旦得到有效保护，政府行为自然会受到约束，政府与市场、政府与企业的权力边界自然会得到清晰界定，转变政府职能、改革政府体制也就能够实现。因此，改革能否完成最深层次的制度保障，统一效率与公平，就在于能否有效保护产权。

那么，怎么样才能做到有效保护产权呢？有两大要点：首先，建立新的公众意识；其次，改革旧的法律体系。

第一，建立新的公共意识。汇聚尊重产权尤其是私人产权的公共意识，是让产权得到有效保护的思想基础。

改革开放以来，中国公众的产权意识逐步形成但极为混乱。一方面，由于外来的理念冲击与蓬勃的市场大潮，获取自身财富、保护自身产权已经成为广大百姓的共同愿望。另一方面，由于长期的理论宣传和分化的贫富差距，仇恨他人财富、轻视他人产权也日渐成为普遍的大众心理。公众意识的混乱源于理论的纷争与缺失。新古典经济学赋予了公众追求自身财富的合理性，但仅立足代表性消费者与厂商的一般均衡模型，未能探讨产权的作用机制，也未能预见产权分配不平等的社会后果，无法深刻解释当前中国社会中的各种矛盾。对马克思经济学的传统理解，虽能正确认识到产权分配的根本性意义，深刻洞察财产被少数人占有导致的社会矛盾，却只会得出私人产权必然导致两极分化从而与共同富裕相违背的结论。官方意识形态力图运用“主体论”统合前两种思想，既肯定私人产权能够通过个人利益激发效率，从而不断强调提升私人产权地位、释放私人产权活力，却又仍然坚持只有公有产权才能推进社会公平，从而公有产权的主体地位不可动摇。但如此一来，保护私人产权就矮化为促增长、增就业、取税收的手段，就局限为阶段性任务，剥夺私人产权仍然是最高的社会理想，民营企业就如同豢养的待宰肥羊。上述理论各有长短、相互僵持，撕裂纷乱公众意识。如果认为自私自利是天经地义，私有财产是源于剥削，那么产生如下的社会心理也就不足为奇：他人财产被剥夺是不必给予同情的，甚至只有剥夺他人财富才能富有自身。这将无法产生有利于私人产权保护的意识形态，也就无法真正实现有效保护产权。

建立尊重私人产权的公共意识，必须从传统的意识形态束缚中解放思想，必须在全面理解马克思经典理论的基础上进行理论创新。事实上，保护产权尤其是私人产权与共同富裕并不矛盾。马克思深刻洞察产权平等的根本重要性，但平等产权并不意味着只能通过消灭私有制实现财产的共同占有。马克思其实区分了两种私有制：第一种私有制是劳动者与生产资料的直接结合，称为小生产者私有制；第二种私有制是同广大无产者相对立的生产资料少数人占有，称为资本主义私有制。其中，第一种私有制是实现自由与个性的前提，却无法与社会化大生产兼容，最终被第二种私有制取代；第二种私有制创造出巨大的生产力，但导致产权分配的不平等，最终将因矛盾的累积而被“炸毁”。马克思号召的“消灭私有制”，是要消灭第二种私有制，在生产资料共同占有的基础上重建个人所有制。因此，违背共同富裕的并非私有制一般，而是一种私有制特殊，即广大劳动者转化为劳动力商品与生产资料少数人占有的严格对立。中国当前保护产权，尤其是私人产权，不是要形成第二种私有制，而是要在社会化大生产中重建第一种私有制。我们应当承认这是可行的。一方面，大生产并不必然取代小生产。市场环境复杂多变，企业管理与计划存在成本，且生产规模越大成本上升越快。因此，每一轮新市场的发现、发明新技术，更多源自灵活多变的小企业。另一方面，保护私人产权并不会必然出现资本与劳动的对立格局。通过实现财产获取权利的平等、财产积累机会的平等与财产交换规则的平等，生产资料的分布聚合将由个人努力程度，即劳动决定。因此，不讲前提地说私人产权是罪恶之源、公有产权道德至上是错误的，任何形式的合法产权都是阳光的、应该被尊重的。随着真正形成科学的产权理论，在保护自身产权的同时尊重他人产权就会成为一种公众意识。

第二，改革旧的法律体系，全面并平等地保护各类产权尤其是私人产权，是让产权得到有效保护的制度基础。

产权就其形态来讲，包括物质产权（资源、土地、货币资本、设备及各种生产资料等）、知识产权、劳动产权（个人对自身劳动的所有与支配）；就其功能来讲，包括占有权、使用权、收益权、处分权。有效保护产权就必须全方位地保护产权的各个形态与各项功能。但长期以来，我们对产权的保护，重有形的产权，轻无形的产权；在物质产权的保护中，重人为创造物的产权，轻自然馈赠的资源、土地等产权；在土地产权，尤其是农村集体土地产权的保护中，重占有权与使用权，轻收益权与处分权。这样的产权保护是极不完备的，难以发挥产权的应有作用。党的十八届三中全会通过的《全面深化改革若干问题的决定》(下文简称《决定》)，明确要求加强知识文化、自然资源、农村土地三个方面的产权保护。当前在推进对产权全面保护上，就是要将《决定》落到法律体系改革的实处。

产权就其所有者来讲，包括国有产权、自然人产权、共有产权、法人产权、社团产权、社区产权等。有效保护产权就必须彻底平等地保护各种所有制属性的产权，并将这一原则贯穿于从宪法到刑法和民法的整个法律体系上。但长期以来，我们重公有产权保护而轻私人产权保护，公有产权与私人产权不平等是我国现行法律体系的重大缺陷。宪法是根本法，规定了国家的根本制度和根本任务，宪法领域的不平等必然会影响到刑法、民法等整个法律体系的各个方面。因此，当前最核心也最紧迫的是在宪法领域破除所有制歧视，平等保护公有产权与私人产权。在前文的论述中我们已经知道，这样做并不与共同富裕相矛盾，亦不与社会主义意识形态相背离。习近平总书记在对《决定》的说明中也明确，“改革开放以来，我国所有制结构逐步调整，公有制经济和非公有制经济在发展经济、促进就业等方面的比重不断变化，增强了经济社会发展活力”。我们完全没有必要再在宪法中强调某一种所有制必须居于主体地位，也没有必要在让市场起决定性作用的改革新阶段，为了维系特定的所有制结构而干预、束缚，甚至扭曲市场。

其实，改革开放以来我们对宪法曾做过多次修订和完善，一些修订甚至是根本性的。例如，紧随 1992 年邓小平南方谈话，我们在 1993 年通过宪法修正案，将宪法第十五条从“国家在社会主义公有制基础上实行计划经济”修改为“国家实行社会主义市场经济”。这一举措在宪政层面上保障了市场经济，极大鼓舞了中国体制改革的深化与经济的高速发展。当前，我们应当也可以在宪法层面进一步释放保护产权的积极信号，也就是对宪法第六条做出修订。模糊掉以公有制为主体这一硬性要求，只强调实现共同富裕的社会主义经济制度属性，提出发展混合经济，让各种经济成分与投资主体平等竞争、相互融合、优势互补、共同发展。

破解目前中国经济治理困境，必须要在全面深化改革中统一效率与公平，其核心点就是有效保护产权。有效保护产权能够形成崇尚劳动的社会风气、增进物质资本质量、累积人力资本、推动技术进步，从而提升效率。有效保护产权也能够实现财产获取权利的平等、财产积累机会的平等、财产交换规则的平等，从而促进公平。在全面深化改革中有效保护产权需要做到两点。首先，创新理论，正确认识到保护私人产权与共同富裕的逻辑统一，汇聚尊重产权尤其是私人产权的公共意识。其次，改革法律体系，全方位地保护各个形态与各项功能的产权，彻底平等地保护各种所有制属性的产权，尤其在宪法领域破除对私人产权的所有制歧视。

实现积极财政政策的完整性

汪同三[①]

2018年底举行的中央经济工作会议，根据当前我国经济社会发展面临的新形势新问题指出，2019年“宏观政策要强化逆周期调节，继续实施积极的财政政策和稳健的货币政策，适时预调微调，稳定总需求”，并进一步明确要求“积极的财政政策要加力提效，实施更大规模的减税降费，较大幅度增加地方政府专项债券规模”。为了把中央经济工作会议精神落实到政府宏观调控各项工作中，2019年3月5日李克强总理在第十三届全国人民代表大会第二次会议上的《政府工作报告》中指出，“要正确把握宏观政策取向，继续实施积极的财政政策和稳健的货币政策，实施就业优先政策，加强政策协调配合，确保经济运行在合理区间，促进经济社会持续健康发展”。李克强总理在《政府工作报告》中阐述政府工作的首要任务时更进一步明确而具体地指出，“积极的财政政策要加力提效……实施更大规模的减税。普惠性减税与结构性减税并举，重点降低制造业和小微企业税收负担。深化增值

① 汪同三，中国经济50人论坛成员，中国社会科学院学部委员。

税改革，将制造业等行业现行 16% 的税率降至 13%，将交通运输业、建筑业等行业现行 10% 的税率降至 9%，确保主要行业税负明显降低；保持 6% 一档的税率不变，但通过采取对生产、生活性服务业增加税收抵扣等配套措施，确保所有行业税负只减不增，继续向推进税率三档并两档、税制简化方向迈进。抓好年初出台的小微企业普惠性减税政策落实。这次减税，着眼‘放水养鱼’、增强发展后劲并考虑财政可持续性，是减轻企业负担、激发市场活力的重大举措；是完善税制、优化收入分配格局的重要改革；是宏观政策支持稳增长、保就业、调结构的重大抉择”。

从中央经济工作会议和《政府工作报告》释放的信息可以看出，2019 年我国宏观经济工作中关于财政政策的方针导向是：第一，为确保经济运行在合理区间，实现经济社会持续健康发展，必须继续实施积极的财政政策和稳健的货币政策。第二，在已经施行多年的基础上，2019 年的实施要加力提效，发挥更重要的作用。第三，2019 年积极的财政政策的首要措施是实施更大规模的减税降费，方式是普惠性减税与结构性减税并举,重点是降低制造业和小微企业税收负担。毫无疑问，2019 年宏观调控工作的重点之一是要继续实施好积极的财政政策，发挥其应对经济下行压力的积极作用。同时，我们要注意到，任何宏观调控措施在取得预期正面效果的同时，都可能产生不同程度的负面影响，需要我们认真面对。而实现积极的财政政策的完整性，全面落实积极的财政政策，是最大限度发挥其正面作用，同时将可能的负面影响限制在最低程度上的保证。

为什么要继续实施积极的财政政策？正如中央经济工作会议指出

的，目前我国“经济运行稳中有变、变中有忧，外部环境复杂严峻，经济面临下行压力。这些问题是前进中的问题，既有短期的也有长期的，既有周期性的也有结构性的。要增强忧患意识，抓住主要矛盾，有针对性地加以解决”。《政府工作报告》也指出，“综合分析国内外形势，2019 年我国发展面临的环境更复杂更严峻，可以预料和难以预料的风险挑战更多更大，要做好打硬仗的充分准备”。当前我国宏观经济运行面临的问题，或者说经济下行压力的压力源，来自国外和国内两个方面。

国外的压力主要表现在：世界经济增速放缓，保护主义、单边主义加剧，国际大宗商品价格大幅波动，不稳定不确定因素明显增加，外部输入性风险上升。2018 年美国对包括我国在内的多方挑起保护主义贸易争端，制造贸易摩擦，大大增加了我国所处外部环境的复杂性和严峻性，这已经是自改革开放以来我国经济运行第三次受外部环境影响而面临下行压力了。第一次是 1998 年亚洲金融危机对我国宏观经济运行造成冲击，第二次是 2008 年美国金融危机对我国宏观经济运行造成冲击。这两次国际金融危机爆发时，我国宏观经济状况较之世界其他主要经济体和周边经济体来说相对要好些，宏观经济处于增速较高较稳定的上升期，对我国来讲外部冲击是主要下行压力源。

而 2018 年以来，我国宏观经济运行的下行压力不仅源自外部环境复杂严峻，而且在内部推进供给侧结构性改革的过程中产生的尚待解决的问题，也是重要的下行压力源。国内经济下行压力加大主要表现在：消费增速减慢，有效投资增长乏力；实体经济困难较多，民营和小微企业融资难、融资贵的问题尚未有效缓解，营商环境与市场主体期待还有差距；自主创新能力不强，关键核心技术短板问题凸显；一些地方财政收支矛盾较大；金融等领域风险隐患依然不少；深度贫困地区脱贫攻坚困难较多；生态保护和污染防治任务仍然繁重。

一方面，我们目前面临着复杂而严峻的矛盾和问题，必须认真对待、妥善解决。另一方面我们又承担着光荣而伟大的使命，2019 年是新中国成立 70 周年，是全面建成小康社会、实现第一个百年奋斗目标的关键之年。因此 2019 年以及今后一段时期内，在宏观调控工作中，继续实施积极的财政政策，加力提效，就显得更为关键、更加重要。

中央经济工作会议和《政府工作报告》，都把“实施更大规模的减税降费”作为继续实施积极的财政政策的首要措施，这是一个非常重要并且切合我国当前实际的科学判断。首先，从财政政策中各类可行的措施手段来看，减税降费是最直接作用于施策对象、产生政策效果见效最快的宏观调控措施。对消费者税负的降低，等同于直接增加消费者的可支配收入，进而提升居民消费，起到拉动经济的作用。对生产者税负的降低，在间接税环节上，例如增值税减税，可以直接降低企业生产成本，从供给侧推动经济增长，同时还会在最后的消费环节减少最终消费者的负担。在直接税环节上，例如企业所得税减税，可以直接增加企业经营收入，提高企业赢利水平，不仅使企业能够通过技术创新、设备更新等方式提高生产水平和能力，而且能够刺激企业增加投资、扩大生产规模的欲望。因此，减税降费不仅可以在微观层面上最实惠地激励实体经济经营者和从业者，而且能够在宏观层面上最有力地提振自主创新和引导结构调整。其次，我国现行税制中还存在进一步实行减税政策的空间，为实施更大规模的减税降费提供了可操作性。减税空间容量的大小，一方面要看当前税率绝对水平的高低，另一方面还要看政府通过调整财政配置和调动弥补资源保持财政平衡的可能性。当前，调整财政配置主要是减少政府支出，特别是一般性行政支出、“三公”经费和其他可进一步控制的财政支出，以及收回、盘活和使用长期闲置和沉淀的各类政府财政资金。调动弥补资源主要是合理适度增加财政赤字，扩大国债发行，以及增加特定国有金融机构和央企上缴利润等。

从世界经济来看，减税政策是经济低迷时期有关国家刺激经济增长的一项主要政策工具。20 世纪 60 年代，美国为了摆脱经济低迷，当时美国总统肯尼迪启用了减税政策，将企业所得税税率由 52% 降至 48%，个人所得税税率由 20%～91% 降至 14%～70%。肯尼迪的这一减税政策产生了一定效果，较为有效地促进了美国经济实现复苏。2001 年小布什就任美国总统后，为了重振美国经济，又一次实行减税刺激经济的政策，美国议会通过了 10 年内减税 1.35 万亿美元的减税法案，对个人所得税税率进行了大幅下调，将最高边际税率由 39.6% 下调至 33%。事实证明，小布什的这一减税政策确实起到了一定效果。到 2003 年第二季度，美国经济增长率达到了 2.4%，经济开始出现持续复苏。奥巴马任美国总统时期，美国面临严重的由次贷危机演化而来的全面金融危机，美国政府同样采取了减税政策，在 2008 年和 2009 年先后通过了总额超过 5 000 亿美元的减税计划。减税政策以及其他量化宽松政策实施后，美国经济自 2010 年开始出现持续反弹，对美国走出这次影响严重的金融危机产生了较大作用。近年来美国特朗普政府推出的相当强度的减税政策也被舆论界普遍肯定，是美国经济目前表现较为强势的重要原因。2017 年 12 月，美国参议院通过了税法改革法案，将美国企业所得税税率从 35% 大幅降至 20%。2018 年美国的经济增速为 2.9%。应该说，这与美国实行的大规模减税和缩减联邦支出等措施不无关系。当前为保持经济的复苏势头，世界各主要经济体，如欧盟、美国和日本等地区和国家，都不同程度进行了减税，试图跟进美国的政策，减税已形成世界宏观经济政策的趋势。

对于美国特朗普政府采取的减税政策也需要进行全面的分析。2018 年特朗普开启的美国新一轮减税政策，短期内确实提振了美国经济，使得美国经济增速有所加快，股市屡创新高，但是并未解决美国经济前景的不确定性。由于特朗普的减税政策是以凯恩斯主义刺激理论为基础的，对经济的拉动主要作用于需求侧，而对改善供给侧所必需投资的刺激相对较弱。减税对美国经济的作用主要是短期性的。长期来看，减税对经济的刺激作用将会逐渐减缓减弱，同时还存在恶化财政赤字的风险。特朗普的减税不能从根本上缓解美国的经济结构失衡，而且财政压力导致的政府支出减少更将威胁教育、医疗和科研等能缓解美国社会问题的支出，如果处理不当，会是饮鸩止渴。

当前实施积极的财政政策的发力方向之一是促进投资，特别是基础设施建设投资。其原因在于：第一，内需特别是消费需求是拉动经济增长的主要动力，但归根结底消费是通过实现投资需求来拉动增长的。适度稳定的投资增长是保持经济平稳健康发展的关键。马克思主义经济学的再生产理论告诉我们，要实现扩大再生产，必须增加新的投资。我们当然应该通过扩大消费需求拉动经济增长，但不容忽视的是，消费是通过导致投资来实现扩大再生产的，不能导致投资的消费只能实现简单再生产，只有能够导致投资的消费才能真正实现扩大再生产。或者说，只有足够的投资需求才能实现社会扩大再生产，实现经济社会的有效发展。第二，高质量发展的一个标志是，由投资（I）产生的投资收益（R）占产出（Y）的比重（R/Y）的提高，即实现投资效益的提高。而投资收益占产出的比重（R/Y）等于投资资本收益率 (R/I) 与投资率 (I/Y) 的乘积 (R/Y=R/I × I/Y)，其中，投资率 (I/Y) 是在宏观层面实现的，而投资资本收益率 (R/I) 是由企业或生产者在微观层面实现。我国目前的投资资本收益率仅为 3% 左右，远低于发达国家水平，亟待提高。对生产者或企业的减税能够明显有助于提高微观层面的投资资本收益率，进而在宏观层面提高投资收益占产出的比重，推动实现经济的高质量发展。第三，面对当前复杂严峻的国内外形势，中央提出六个“稳”的要求。“稳投资”是关键之一。“稳投资”的重点是激发社会投资、保持投资增长、优化投资结构、提高投资效益。当前供给侧结构性改革进入新阶段，面临的新形势、新问题要求我们更加认真地做好保持投资稳定增长的工作。

2018 年有三个国民经济统计数字值得关注：第一个数字是 GDP 增长 6.6%，第二个数字是全社会固定资产投资增长 5.9%，第三个数字是基础设施投资增长 3.8%。这三个数字告诉我们：第一，全社会固定资产投资增速低于 GDP 增速 0.7 个百分点，可以判断投资增长相对不足是当前经济下行的一个主要表现。因此，推动投资增长，适度加快投资增速是克服经济下行压力的重要方面。以减税降费为主要措施的积极的财政政策应该在促进投资方面发挥引导和带动作用。第二，在各类投资中，基础设施投资增速明显滞后于总投资增速，基础设施投资不足是投资增长减速的主要诱因，同时也表明基础设施建设领域存在加强投资以应对下行压力、提升经济增长的较大空间。因此当前把促进投资，特别是基础设施投资，作为实施积极的财政政策的一个发力方向，不仅是必要的而且是可行的。减税降费如何能够落实到促进基础设施投资增长，是我们今后在宏观调控工作实践中需要深入探索实现途径并积累总结经验。

全面落实积极的财政政策是要实现财政政策的完整性。衡量财政政策是否完整的标准是财政收支是否平衡，以及是如何实现平衡的。减税在初期阶段必然会使财政税收减少，直接影响到财政收入。而负责任的政府不仅要考虑减税的必要性，以及减税的具体方案，还需要采取必要措施弥补减税对国家财政的影响，保持财政收支平衡。在减税条件下，常规地保持财政收支平衡的办法有两种：第一种是增加财政赤字，第二种是削减财政支出。一般情况下，增加财政赤字是寅吃卯粮，必须谨慎适度，严格控制。欧盟国家在探索经济一体化过程中，根据实际经验制定的财政赤字率不超过3%的标准是具有一定普遍性意义的。在不严重的特殊情况下，应予遵循。我国长期以来基本遵循了不逾越这一界限的原则，保持了财政状况的稳定。就我国目前的形势来看，更重要的实现财政平衡的指导思想应该是减少相应财政支出，减少除了必须不断提高的、直接关系民生的有关支出之外的财政支出，特别是行政费用支出，同时要坚决防止任何人、任何机构、任何集团搭便车借机扩大行政费用支出。总体上削减财政支出，并不意味着要像西方国家那样同时削减关系民生的社会（福利）事业的支出，相反还需要大力增加关系民生的社会事业发展的财政支出。有研究表明，高收入经济体在工业化高峰期以后，政府服务（包括社保、教育、健康和社会工作等）支出在 GDP 中的占比会持续快速提升。目前我国政府服务支出在 GDP 中的占比还明显低于高收入国家在类似发展阶段的水平。即使在减税条件下，这块政府服务的短板也需要优先填补。

一般意义的扩张性财政政策主要有三项措施来拉动经济：增加财政赤字和政府债务、减税和扩大政府支出。其中第一项要谨慎适度，第二项是主要措施，第三项目前不宜使用。此外，还有一种意见认为，在目前企业杠杆率和家庭杠杆率过高的情况下，可考虑提高政府杠杆率，将高企的企业杠杆率和家庭杠杆率转移过来，以减缓金融风险压力。但是现在不宜这样做，原因有三点：第一，目前我国金融风险压力还没有达到 2008 年美国次贷危机时需要政府直接出手救助的程度。第二，我国目前积极的财政政策的导向不仅是要减税，而且是要严格控制政府支出。地方政府债务规模较大幅度增加，是指专项债券增加，而非一般性的政府杠杆率增加。第三，政府以提高自身杠杆率的方式承接企业杠杆率和家庭杠杆率，实际上是改变社会的资产负债结构，必须考虑可能对各方面带来的中长期影响。总之，主要通过削减政府支出来实现减税条件下的财政收支平衡，不仅是全面落实积极的财政政策，实现财政政策完整性的必由之路，同时也能够推进行政管理体制改革和财政体制改革的深入发展，取得一箭双雕的积极效果。

全面落实积极的财政政策，实现财政政策的完整性，需要注意四件事：第一，减税必须具有较大的规模性，才能产生明显效果。2018 年初预计减税规模可达 1.1 万亿元，实际减税规模实现了突破。2019 年预计减税规模可接近两万亿，应该在实际执行过程中力保两万亿，根据实际情况争取有所突破，实现更大的减税规模。第二，减税效应具有较强的时间递减性，在短期内减税效果表现明显，但是如果减税规模强度不递增，减税效应必然减弱。因此从减税伊始，就需要考虑如何深化财政体制改革，建立税制对经济健康稳定增长的长效机制。第三，减税既是政府行为，又必须通过市场产生效果。因此减税政策的实施必须在市场在配置资源中起决定性作用和发挥好政府作用的框架内进行，使市场和政府既各自充分发挥好自身作用，又积极实现两者的协同发力，使减税实现预期效果，促进经济社会发展。我们一方面要吸取以往的经验教训，减弱和防止减税可能产生的负面影响。另一方面要认真落实竞争中性原则，使减税政策惠及实体经济的各个角落。第四，做好减税与其他财政政策的协调配合，做好财政政策与其他宏观调控政策，特别是与稳健的货币政策的协调配合。发挥财政政策和货币政策各自的优势，形成政策合力，提高宏观调控水平，抵御下行压力，确保经济运行在合理区间，保持经济持续健康发展和社会大局稳定，为全面建成小康社会收官打下决定性基础，以优异成绩庆祝中华人民共和国成立 70 周年。

第五章　走向高质量发展

Chinese Economists 50 Forum

实现“六稳”推动经济高质量发展

楼继伟[1]

首先需要关注客观环境。目前，客观环境不是特别有利。我们仍旧处于“三期叠加”阶段。“三期叠加”是2013年提出的，“三期”是指换挡期、阵痛期和消化期。2014年中央又明确，“三期叠加”是一个新常态。党的十八届五中全会研究“十三五”规划的时候，再次强调我们仍旧处于新常态的关键期，这意味着直到2020年，我们将一直处于新常态。近期又进一步叠加了中美贸易摩擦。这方面我们已经看到美国、欧盟和日本三方签订了五个备忘录。实际在很大程度上，我们强调所推行的是中国特色社会主义市场经济，但西方国家针对的就是“中国特色”。如何在国际经贸规则重塑中找到各方的共识是一个难题。这也对我们的经济有一定的压力。

当前，正在进行三大攻坚战，也就是防范化解重大风险、精准脱贫和污染防治攻坚战，这是必须要做的，但都会不同程度地影响经济增长，其中也都有偿还欠账的因素，是对透支和失误的偿还欠账。常

① 楼继伟，中国经济50人论坛成员，十三届全国政协常委、外事委员会主任。

年不注重环境保护，现在加大环境污染治理，必然会对经济产生下行压力。在防范化解重大风险方面，金融领域的风险也不能都归咎于“四万亿”。金融体系自身的加杠杆很大程度上是2012年第四次金融工作会议后，提倡综合经营造成的，进而形成了较大的金融风险。脱贫攻坚也是必须做的，但从经济学角度讲几乎没有乘数效应。如果修建地铁，或者在人口密集区建设城际高铁，我们会发现其资源配置的乘数作用十分显著，但脱贫攻坚在这方面的作用有限，而且攻坚任务完成后，为守住成果还要持续投入。总之，多方面的问题叠加，再加上人口老龄化，都会对经济增长带来降速的压力。

怎么能够应对好外部形势呢？实际上是如何实现高质量发展。推进高质量发展，也有利于实现“六稳”。结合当前经济形势和推进供给侧结构性改革的要求，从紧迫性的角度考虑，建议重点关注以下三个方面。

一、推进减税，逐步规范增值税制度

面对当前的经济形势，减轻实体经济负担已经成为社会共识。2018年《政府工作报告》提出“改革完善增值税制度，按照三档并两档的方向调整税率水平，重点降低制造业、交通运输等行业税率”。2018年底的中央经济工作会议进一步要求实施更大规模的减税降费。作为此轮减税降费的重点，降低增值税应当与规范增值税税制统筹考虑，即无论实行两档或三档增值税，设计何种程度的减税水平，都应着眼于发挥增值税高效无扭曲获得财政收入的属性，体现税收中性，辅之以必要的消费和收入分配政策。从国际经验看，实行两档税率增值税的大多数国家，一般都是标准税率覆盖大部分行业，照顾性低税率只覆盖很少的行业，比如基本食品等。由于实行严格的期末留抵退税制度，标准税率行业都实现了当期完全抵扣，没有税负积压。低税率行业经常销项税小于进项税，不必缴纳增值税，还形成了较多的期末留抵，对其留抵退税，是改善消费政策，实际上形成了对基本食品等的补贴[①]。我国受客观条件限制，营改增时按照各行业税负只减不增的原则，将营业税平移设计增值税，形成了当前三档税率都覆盖比较大的行业面的局面，因此很难实行大行业面的留抵退税补贴。2016 年 5 月 1 日全面推行营改增，并将不动产纳入抵扣范围实行完全消费型的增值税后，留抵退税的问题越发突出，不仅占用了企业流动资金，而且导致税负传递链条不平滑，形成了税收扭曲。此外，增值税税负易转嫁，企业不过是在每一个增值环节上做税负传递，由最终消费者负担税负，因此通过降低增值税税率减轻实体经济特别是制造业负担的政策效果，很大程度上取决于价格弹性，价格弹性越小，降税效果才会越好。与国际比较看，我国的增值税税率原处于中枢水平，但国际金融危机后，多数国家实施财政整顿，2008 年以来 OECD 有 23 个成员国至少调增过一次增值税税率，税率总体呈上升态势，平均标准税率由 2008 年的 17.6% 提高到 2018 年的 19.2%，我国税率目前已滑落至中枢偏下的位置，比较而言调减税率的空间有限（见图 5.1）。

---

① 增值税汇算清缴，当期未抵扣完的进项税，称为期末留抵，可在下期做进项抵扣。及时留抵退税，是不等到以后抵扣，先进行退税，减轻企业的流动资金压力。对合理设计的多档增值税实行留抵退税，还实现了相关政策。对最低档税率纳税人留抵退税，实际上已无税可退，欧洲国家等允许退企业所得税，甚至额外补贴。

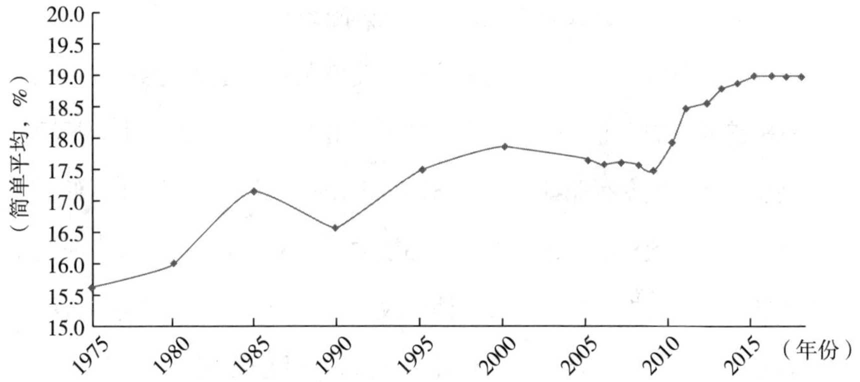

图 5.1 OECD 国家增值税标准税率变动情况

资料来源：《OECD 税收政策改革报告 2018》。

建议增值税的调整立足于实现税收中性，控制降率幅度并主要降标准税率，同时扩大标准税率覆盖面，争取多覆盖。此外，实行期末留抵退税制度，对特定的行业通过退税体现消费和收入分配政策，但要严格控制范围并主要体现在生产环节。需要说明的是，实行期末留抵退税制度需要与财政收入形势统筹考虑。前两年财政收入形势比较好，主要是 PPI（工业品出厂价格指数）上涨，但目前的走势不容乐观。从 2018 年 9 月份开始大宗商品价格震荡下跌，我国在去杠杆过程中，全球股市震荡，美国也到复苏周期的后端，贸易摩擦又在加剧，国际国内不确定性因素增加。因此，比较大的概率是原材料价格会下跌，PPI 会下降，2019 年 1 月份 PPI 涨幅已回落至 0.1%，是近 29 个月的最低点，预计今后一个时期财政收入会比较困难。在此背景下，全面建立期末留抵退税制度难度较大，建议近期主要解决厂房设备等资本投入造成的期末留抵问题，以鼓励投资，减轻制造业负担。对于因税率级差形成的进销项差额留抵，建议稳妥起步、适时调整，重点体现消费和收入分配政策。

二、实施养老保险降费，提高养老保险制度效率

养老保险制度改革已经酝酿多年，改革如何起步是一个艰难的选择。目前情况下确实需要降低养老保险费率，降费可以先行，但后续提高养老保险制度效率的举措也必须适时跟上。高效率的管理体制，可以采用较低的保险缴费率，提供比较高的养老替代率。我国企业职工社会养老保险28%的缴费率提供了不足50%的替代率，与国际相比是低效率的，反映出现行体制存在的管理碎片化、缴费与给付激励不足、趸交政策不合理、缺乏精算平衡等诸多漏洞。根据OECD统计，2013年美国缴费率12.4%、替代率38.3%，德国缴费率19.6%、替代率42%，日本缴费率16.8%、替代率35.6%，韩国缴费率9%、替代率39.6%。当然这种直接类比是不够严谨的，其中人口老龄化程度就有巨大影响，但上述所比较的国家都是人口老龄化程度比较高的，因此不影响做出定性判断。考虑到目前我国养老保险的实际征缴率不及70%，如果管理制度合理，效率提高，达到OECD国家平均的管理水平，我们根本不需要28%的缴费率，下降5~6个百分点是完全有可能的。这将在职工社会养老保险体系公平可持续的条件下，大幅度降低企业经营成本，提升企业竞争力。这些额外支付的成本，属于制度性交易成本，唯有通过供给侧结构性改革才可能降下来。从维护社会公平正义外溢性的角度看，现有制度使得正常缴费的“老实人”吃亏。降低这个差距对提高社会道德水平，促进社会公平正义有积极的外溢作用。

降低养老保险费率后，进一步提升养老保险制度效率需要多处发力。第一，建立多缴多得、长缴多得的给付机制。这样做不仅有利于

引入激励，增强养老保险制度的公平性和可持续性，而且在给付透明化后，有利于加强职工对企业合规缴费的监督，促进提高养老保险缴费征管效率。同时，建立养老保险精算平衡制度，确保制度自身财务可持续，并严格界定养老保险和财政的责任边界。财政每年补贴企业职工养老保险的 5 000 余亿元可以保留，但不应作为基金的一般性资金来源，而应用于低收入群体养老缴费补贴等具有再分配功能的方面。第二，加大中央统筹调剂力度，增强养老保险可携带性。按照维护全国市场统一的事务应由中央政府管理的基本原理，世界上其他主要国家无一例外，都由中央政府管理社会养老保险事务。但我国实行分层次管理，中央出总政策、总制度、做指导，各地区自定具体政策，自行确定管理级次、管理方式，因此在可携带性上就大打折扣。实践中早已发现了这一问题，国家不断要求提高统筹级次，党的十九大报告再次明确要“尽快实现养老保险全国统筹”。目前已经起步的中央调剂金制度虽然可以缓解省际不平衡问题，但与地区间苦乐不均的态势和促进劳动力跨域自由流动的要求相比，还需要大幅度加大调剂力度，加快实现全国统筹的步伐。要彻底解决目前因分散管理、省际差异带来的种种弊端，避免个人跨域流动导致的福利损失，最终必须要做到由中央政府统一直接管理养老保险。第三，加快划转国有资本充实社保基金。当前我国的养老保险缴费水平偏高，一个重要原因是承担了体制转轨成本，额外负担了 1997 年养老保险制度建立前已经退休或参加工作的“老人”和“中人”的养老待遇。为解决这一问题，2017 年底出台的《划转部分国有资本充实社保基金实施方案》，规定对纳入划转范围的国有企业，按照 10% 的比例划转部分国有资本，用于弥补因实施视同缴费年限政策形成的企业职工基本养老保险基金缺口。其中，划转的中央企业国有股权，由国务院委托社保基金会集中持有、单独核算，接受考核和监督，相应的股权分红和运作收益由财政部门适时收缴，专项用于弥补企业职工基本养老保险基金缺口。按照方案要求，在2018年初试点的基础上，分批加快划转。但受多方面因素影响，目前划转的进度远低于预期。下一步要加快推进此项工作，并且保障好社保基金对划转资本的处置和分红等权益，确保这项改革真正落地实施。第四，增强养老保险基金结余的投资效益。养老保险基金的阶段性积累面临着保值增值的要求。我国资本市场的健康发展，也迫切需要持有“长钱”的机构投资者。目前地方养老保险基金结余已经开始委托社保基金会管理，但没有强制性的统一要求，地方委托也均选择5年保底。期限的约束决定了资金配置难以跨越周期，股权类资产配置占比低，也难以配置非流动性权益类资产，不仅不利于提高投资收益率，无法更好地实现保值增值目标，而且在发挥应对当前经济下行压力的作用方面也打了折扣。建议适时出台结余资金委托管理的强制性规定，并拉长委托投资的时间，确定适宜的投资范围，以提高养老保险基金结余的投资效益。

三、慎用行政手段，改进产业政策

在推进供给侧结构性改革过程中，我们观察到前期一些应对措施是行政运动式的方法，对“六稳”造成了比较大的伤害。比如运动式的治污是“一关了之”，而且是层层往下、越来越放大。当然，中央已经在纠正，要求不能“一刀切”，强调采用市场化、法治化的办法。以及行政运动式的去产能。由于煤钢产能去的过程中由于需要安置职工，国有企业要比民营企业难得多，因此在同样的污染或者安全标准之下去的民营产能比较多。后来PPI大幅度上涨，国有企业利润大增，成本在向中下游传递，而中下游民营企业比较多，感觉到负担沉重。去产能是供给侧结构性改革“三去一降一补”中一项重要的任务，用这种行政运动式的办法是不妥当的，以至于2018年底的中央经济工作会议提出供给侧结构性改革要多采用改革的办法，多运用市场化、法治化手段，在巩固增强提升畅通上下功夫。用改革的办法意味着原来不是改革？现在其实是在纠偏，就是纠正用行政运动式的办法推行供给侧结构性改革。

多年来我们一直推行产业政策。在2018年的民营经济座谈会上以及中央经济工作会议上，中央已经明确提出推动产业政策由差异化、选择性向普惠化、功能性转变。但是，我们可以看到这个思维还没有彻底转变。其实产业政策在早期起到一定作用，但到后来它的作用实际不敢说都是正面的。以汽车为例，我们产业政策支持的是“三大三小两微”（“三大”即吉林一汽、湖北二汽、上海汽车，“三小”即北京吉普、天津夏利、广州标致，“两微”即军工企业转产的重庆长安和贵州云雀）。多年发展下来，一些企业破产了，其余企业都合资了。现在三大自主品牌汽车基本上是在产业政策的“围剿”和缝隙中成长起来的。比如吉利汽车收购了沃尔沃。我们不评价它战略对不对，但是这个做法就说明被“围剿”的这些企业才有实力。但是产业政策如何从差异化、选择性向普惠化、功能性转变，也是一个复杂的难题。

近年来我们重视并加强了企业的党建工作。但一段时期以来，党组织在民营企业中的作用被歪曲，一些人炒作“党的作用代替公司的决策”，出现了“民营经济离场论”“党建夺权论”等蛊惑人心的言论。不排除有的地方采取了不当做法，影响了民营企业和外资企业的信心，社会上也因此对企业的党建工作产生了一些模糊的认识，偏离了加强党建工作的初衷。针对这一问题，习近平总书记明确强调：“我们在有党员的各类企业里建立党组织，目的是为企业的党员提供管理和服务，团结凝聚员工遵纪守法，遵守企业规章制度，发挥党员先锋模范作用。这有利于企业加强管理，有利于推动企业健康发展。”这是2018年11月7日进博会期间，习近平总书记视察上海陆家嘴金融城党建服务中心时讲的，清清楚楚地强调是包括“各类企业”，是“为党员提供管理和服务，凝聚他们遵纪守法，遵守规章制度，发挥先锋作用”，是“有利于企业加强管理”，是对此前一个时期的错误认识的纠偏，也是对外界质疑的回应。事实上，企业党建的积极效用毋庸置疑，外媒也曾专门报道并予以称赞。2012年英国《金融时报》刊文表示，“中国共产党是美国CEO（首席执行官）的榜样”，并援引世界大型企业研究会针对70名CEO的调查，当被问及世界上哪些组织最称职可信时，中国共产党位居第三，远高于美国国会和总统。当然在当前的国际形势下，舆情恐已有变。因此我认为，很多人没有真正理解企业党建工作的初衷以及总书记的讲话要义，另外也确实有别有用心的人在炒作。要真正实事求是地领会和贯彻党中央和习近平总书记的意图，加强解读和宣传，不要动辄自言“如沐春风”，特别不能人云亦云地附和错误认识。

最后要强调的是，怎么实现高质量发展？经常听到要推动新旧动能转换，实施创新驱动战略。这确实是我们需要努力的方向，但是更重要的是优化资源配置机制。优化资源配置机制有利于全面提升就业、消费和投资水平，提高全要素生产率。这方面我们已经观察到了一些良好的发展态势，但仍有许多工作需要在今后加快展开，以早日实现经济高质量发展。

“房地产税”：难以言说的博弈

许善达[①]

从中国启动城镇住房制度改革以来，许多城镇居民成为住房的所有者。这项改革对我国政治、经济、社会、文化产生重大影响。我国宏观经济结构、社会财富的分配、政府收入的数量和结构、货币发行、商业银行利润来源、农民集体土地的征用、城镇户籍制度以及相应的社保制度及个人所得税制度、地方政府招商引资等，无不因此出现前所未有的变化。政府是否以及如何从居民住房征收一定数额的税收就成为各级政府、学术界、经济界和居民关注的热点问题。多年实践证明，学术界对此存在原则性分歧，远未形成共识。中央政府有关部门边研究边探索，尚未形成最后完整的决策。地方政府则对此十分慎重，总体上表现出消极态度。有些专家曾经不止一次地“预测”房产税试点要扩大范围，“预测”全国人大的房地产税立法程序何时完成。这些“预测”被媒体广泛传播以吸引眼球。每次专家预测被媒体披露以后都会引起全社会的强烈反应。开发商考虑用何种价格买地，居民考虑是买

① 许善达，中国经济 50 人论坛成员，国家税务总局原副局长。

房还是卖房。但是，上海与重庆的房产税试点 8 年，至今没有其他一个地方政府跟进启动试点。这和上海试点“营改增”之后，许多地方政府当年要求跟进试点形成鲜明对照。而全国人大在 2019 年立法计划中也没有启动房地产税的立法程序。所有此类预测全部被事实否定。

原因是什么？先回顾居民住宅房产税的历史。

房产税（本文特指居民住宅房产税，不指企业的房产税，下同）其历史可以分为两个阶段。

第一个阶段是以上海与重庆试点开始。目前上海和重庆试点的房产税是在现有各项房地产税收政策不变的基础上增加居民住宅保有环节的一个税。实践证明这种模式不符合中国的国情，不被其他地方政府认可。

一、居民住宅房产税不能承受之重

上海与重庆试点的房产税在具体政策上略有不同，但下列问题是共同的。

第一，居民住宅保有环节的税收不能成为地方税主体税种。

营改增以后，作为地方税体系主体税种的营业税不存在了。当然，中国的地方税体系必须具有一个主体税种，这个主体税种至少应该具有两个基本特征：第一，税种的性质适合作为地方税种，税源应该相对具有地方性质。第二，收入应具有万亿数量级规模。居民住宅作为税源具有强烈的地方性质，但征税的数量远远达不到万亿数量级规模。实际上土地使用权转让收入虽然有 3 万亿数量级，但这是 70 年的“租金”，平均每年400亿到500亿规模。至于上海与重庆市政府公布的房产税收入是包括对企业征收的房产税在内的，并不仅仅是居民房产税试点收入，后者的数量政府并没有专项公布。估计是微不足道的。

居民住宅保有环节的房产税不可能一次性征收几十年的。虽然有专家建议把对居民住宅开征的房产税作为地方税主体税种，但是，迄今为止，没有看到一份可以有上万亿收入规模的居民房产税方案。所以，不可能也不要期望居民住宅保有环节的房产税可以成为地方税体系的主要税种。

第二，房产税不能解决中央政府和地方政府的财政失衡问题。

最初一些专家提出居民住宅房产税的出发点是给地方政府一个大税源，地方政府开征居民住宅房产税之后收入增长，就可以减轻对中央政府增加转移支付的压力。但是，实践的结果显而易见。上海和重庆的房价与全国其他城市相比还算比较高的，试点的居民住宅房产税的收入对上海和重庆的政府收入贡献都几乎可以忽略不计。通过开征居民住宅房产税来调节中央与地方财政关系的设想也完全落空。

第三，居民住宅房产税不可能抑制房价上涨。

住房制度改革以后，房价上涨引起社会强烈反应，投机行为屡屡发生。不但社会低收入群体受到损害，许多企业（包括一些关系国计民生的大型国有企业）都把资金从主业中抽出投入房地产中，损害了国民经济的健康发展。政府为抑制房价过快上涨，采取了许多措施，如限购、贷款限制、利率限制等，但都收效有限，达不到预期效果。因此，一些专家建议用开征房产税的办法来抑制房价。从此，居民住宅房产税就又变成解决房价上涨过高的一个措施了。

胡祖六和哈继铭两位专家根据全世界100多个国家有关住房的资料的研究，结论是房地产发生泡沫的经济体，都是有房产税的，而且房产税还不低，因此房产税不可能抑制房地产泡沫，抑制泡沫的手段只有销售环节的税收。政府对于房地产投机行为确有抑制职责，许多国家的经验告诉我们，抑制房地产投机的最好办法就是在销售环节、交易环节征收消费税，当然名称可以是其他税，比如契税等，但一定是在销售环节征收的，而不是在保有环节征收房产税。而上海与重庆试点多年的实践证明，没有人认为当地的房价上涨因房产税而被抑制。

第四，居民住宅保有环节税收不可能使中国税制结构从以间接税为主改革成为以直接税为主。

从1994年实行新税制以来，中国税制中间接税的比重随着税制改革逐步降低，企业所得税和个人所得税占税收的比重逐步上升。尽管如此，在这种趋势下，中国要通过财产税收入的增加而使直接税在政府的收入中所占比重与直接税在发达国家的收入中所占的比重相同，至少在近期可以看出是不可能的。

这几年，其他地方政府并没有意愿参与试点，这就是地方政府之间的博弈，各地方政府现在真正争夺的不是房产税的收入，而是争夺投资，争夺高等级人力资源，包括专家、企业家、高级管理人员，以及科学家、专利发明人等，这才是最激烈的。因此，什么样的政策能使这个领域收益最大化？最近所有地方政府无一例外把对企业征收的房产税降低到国务院允许的最低50%的标准，这就是所有地方政府在降低企业成本上的态度。房产税从某个角度说是增加企业劳动力成本的，特别是高等级劳动力成本，地方政府绝不会因小失大，没有地方政府会为了居民住宅房产税如此少的收入去影响争夺高等级人力资源的决策。地方政府不可能一方面降低对企业征收的房产税，另一方面却提高企业高等级劳动力成本的居民住宅房产税。

由于上海与重庆试点没有实现预期目的，决策层决定不再扩大试点。这实质上意味着试点方案失败。有专家认为试点取得了经验就不能说失败。这在逻辑上是说不通的，部队打仗有胜有败，难道说打了败仗取得经验就不承认是败仗了吗？实际上，上海与重庆两市不断地提高缴纳房产税的门槛，其中的含义不言自明。

党的十八大以后，房产税进入第二阶段。积极主张扩大试点地方的意见已经消失了。积极主张尽快完成房地产税立法程序的意见又成为另一些专家的主流意见了。一些新闻媒体每遇机会便从立法机关、行政部门和一些专家对房地产税立法进程的发言和文章中寻章摘句，向社会发布房地产税立法程序很快就会完成的“预期”。

这些媒体没有理解全国人大和国务院“稳步推进”中“稳步”的含义。“稳步”就意味着房地产税法一定在法律上、经济上、征收管理上都不能出现混乱。所有房地产税的法律问题、经济问题、征收管理问题必须在完成立法程序之前解决。这样一个涉及千千万万居民利益的税法，决不能草率出台形成社会混乱。一定要慎之又慎。

目前，至少以下几个重要问题尚未形成普遍共识。

二、中国国情特殊，设计“房地产税”无国际经验可借鉴

我国有两个特点，发展水平低与土地国有。这两个特点就决定了，

如果想设计一个对居民住房征收的财产税，不能简单复制土地私有制国家的房地产税法。

20 世纪 80 年代出台至今仍在实施中的企业缴纳的税里，有一个叫房产税，这是财产税，还有一个叫土地使用税，这是行为税。不管国有企业、集体企业还是私营企业，都要缴纳。现在一些专家建议在对居民住宅征收“房地产税”中把土地也作为住宅财产的一部分来征收财产税，这在法理上是有问题的。

如果住宅用地可以征收“房地产税”，那么企业的用地更可以征收“房地产税”了，但是为什么对企业要征这两个税呢？这是有法理依据的。如果考虑把居民的这两个税合在一起征，首先要论证企业用地使用税和房产税是否应该也可以合并的问题，如果不能说明企业这两个税应该也可以合并，就无法解释为什么企业要分两个税，居民就可以合成一个税。

十八届三中全会决议中用了“房地产税”这个术语。“房地产税”和房产税，这两个名称有一个非常大的实质内容的变化，就是“房地产税”包含了土地资产。如果设计一个包括国有土地在内的财产税，还要由住宅所有人交纳国有土地的财产税，估计法学专家们会有很多的不同意见。

现在“房地产税”立法这项工作由全国人大负责，国务院及财政部、建设部、税务总局等部门配合。根据目前收集的全世界许多国家关于“房地产税”的税法，发现这些“房地产税”所在的经济体都是实行土地私有制的。而我们是要研究和起草一个在土地国有制基础上的私人住宅的“房地产税”，外国这些税法不能照搬。而目前尚未找到一个土地国有制的经济体对居民住宅征收的“房地产税”税法。

有专家提出香港的“差饷”就是在公有土地制度下对居民住宅征收的房地产税。众所周知，“差饷”是指政府要用这笔钱解决警察的经费需要。问题是为什么不称之为“房地产税”？正是因为将其称为“房地产税”会出现法理问题，才使用“差饷”这个回避法理问题的名称。我国内地税制也有这样的实例，比如用于城乡建设维护、教育用途的城乡建设维护税、教育费附加。这种根据用途征收的税就不存在名称上的法理问题。所以，香港的“差饷”不但不能成为土地公有制下征收居民住宅房地产税的依据，反而说明土地公有制下征收居民住宅房地产税存在法理问题。有的专家主张对居民住宅征收包括土地财产在内的房地产税，但又主张改为“社区税”，这恰恰说明专家对房地产税还是存在法理的疑虑。

三、“房地产税”立法需要突破的法理障碍

自从2012年房产税扩大到居民住宅领域的试点在上海与重庆启动以来，争论一直不断。从学术界目前讨论的情况来看，至少有以下几个问题在立法工作中需要研究明确。

第一，“房地产税”是一个税种，还是与房地产有关的税种所构成的一种体系？

这两种理解在学术界中都有学者主张。但是，如果由全国人大立法，显然不是第二种理解，因为建筑安装和不动产业的营业税已经改为增值税，如果把“房地产税”理解为所有有关房地产的税种，而目

前全国人大没有启动增值税的立法工作。因此，全国人大所承担的“房地产税”立法工作应该只是一个税种，而不是所有与房地产相关的税收体系。

第二，“房地产税”是增加一个税种，还是同时调整与房地产相关的税收体系？

上海和重庆试点的房产税是在其他房地产税种均不调整的前提下增加一个对居民住宅保有环节征税的税目。而试点启动后的一任财政部长在上任以后公开发表的主张是要在减少居民住宅交易环节税收的前提下，增加保有环节的税收。这和上海与重庆试点的思路显然不同，需要在立法中研究明确。

第三，“房地产税”是财产税还是行为税？

我国现行土地制度规定城镇土地属于国有，农村土地属于集体所有。因此，20 世纪 80 年代设立房地产税制时，对企业房地产税收出台了两个性质不同的税种。一个是房产税，属财产税性质；一个是土地使用税，属行为税性质。我国住宅制度改革以后，建筑物完全属于私人财产，住宅所占据的土地仍属于国有。这就必然引发一个“房地产税”立法的前提问题：“房地产税”是财产税，还是行为税？“房地产税”立法必须明确这个问题。

第四，“房地产税”作为财产税立法的法理障碍。

按照税收法治原则，财产税是对财产所有者征收的。如果“房地产税”是财产税，财产所有者就是纳税人。国有土地所有者是国家，具体代表人是各级政府。对土地征收财产税，就是某一级政府对其他政府甚至对自身的财产征税，这显然是毫无意义的。据了解，目前没有发现一个市场经济国家是对国有土地征收财产税的。这就是我国“房地产税”作为财产税的法理障碍。因为中国城镇土地国有制是不可变更的，对国有土地征收财产税与法理相悖，不可取。

第五，“房地产税”作为行为税立法的法理障碍。

在计划经济时期，国家无偿划拨土地供企业使用，企业并不是从市场上取得土地使用权。在这种土地制度下，国家对企业使用国有土地的“行为”开征了土地使用税。随着经济体制改革的深入，土地国有制没有改变，而企业取得国有土地使用权的制度从政府无偿划拨改为企业在招投标市场上购买国有土地使用权。虽然有些地方政府为了招商引资仍然无偿或低价转让国有土地使用权，但住宅项目开发商必须支付获取70年国有土地使用权的费用，在政府预算科目上被叫作“土地使用权转让收入”。而购买住宅的人在支付给开发商的价款中已经包含了70年土地使用费。如果房屋购买者已经被住宅所占据的国有土地支付了70年使用费，政府再出台一个对住宅所有者征收的国有土地使用税，这种税费重复征收的制度会使“房地产税”与出售国有土地使用权的招拍挂制度在法理上相悖。

四、“房地产税”立法中，地方和中央的财权博弈

第一，地方税的立法权问题。

在哪些税制要素上授予地方立法权。对授予地方的立法权有何种限制。中央如何对地方行使立法权实施有效监控。总之，如何在“房地产税”立法中处理中央与地方税收立法权力划分问题是难题之一。

第二，“房地产税”与中央转移支付的关系。

无论居民住宅“房地产税”的立法会授予地方多大权力，调整何种税制要素，地方政府事实上会拥有此税种在税收收入规模上一定的调整权力，在一定幅度内可以多收一些或者少收一些。在1994年出台的分税制中，税收返还的公式规定，各地增值税收入增长与税收返还正相关，但若干地方税种的收入增长与税收返还负相关，这些收入增长越多，税收返还数量越少。这也是一些发达国家的做法。从德国经验来看，同样一个房地产税，但两个州评估值不同，中央政府就得向收入少的州提供更多的补贴。因此，各州都希望降低本州的评估值，进而从中央政府那里获得较多的补贴。

对居民住宅的财产税立法开征以后，地方政府这部分收入增长会不会减少中央税收返还？此规定虽然不由全国人大在“房地产税”立法中解决，但对地方政府行使法定自由裁量权影响很大，属于立法时要明确的配套政策之一。

五、房产评估是征收房产税的技术难题更是政治问题

除了法理以外，征收房产税还面临一个技术问题，就是房产评估。如果依据房产评估值征税，就存在一个由哪个主体评估的问题，被评估对象承认不承认这个主体的评估值问题。现实生活中，不同评估机构对同一企业资产的评估出现不同评估值的情况已经是所在多有。评估最难的是什么？这个评估值出来以后，能否得到被评估对象的所有者认可才是问题所在。

评估值不是市场价，虽然希望评估出来的是市场价，但是评估值和市场价还是有区别的。因为市场是随时变化的，所以每次评估完了以后，都要和被评估对象所有者讨论，接受不接受评估值。影响评估值的因素很多，比如位置、楼层、朝向，甚至是否邻近马路都会有很大影响。德国的评估体系已经运转很多年，可以说评估从启动开始，到最后把钱收上来，这个周期是很长的，而且包括评估在内的征收成本也是不低的,因此德国是几年评估一次。在中国评估的难度可能更大。如果出现争议，就需要一个协调机制，若实施仲裁制度，恐怕远远要比评估技术本身难度大得多。千千万万家住宅的评估成本已经难以计量了，再设置仲裁制度，征税成本和居民纳税成本会增加多少？这是出台评估制度不能回避的问题。

六、破解“房地产税”法理障碍的办法

实际上，为解决“房地产税”法中的两个法理障碍，有许多供讨论的方案。其中，对住宅价款扣除土地使用费后的建筑物价值征收房产税可以作为供选择的方案之一。这个方案对居民住宅征收了财产税，实现了将房产税征收范围扩大到居民住宅的目的，化解了评估的社会成本问题，同时又避免了法理相悖的问题。这也是市场经济财产税制的题中应有之义。

另一个方案，在国有土地制度不变的前提下，对企业或居民使用国有土地征收土地使用税或土地使用费。至于政府是用分期（分年或分月）征收土地使用税的办法，还是用招拍挂的办法一次性收取一个

比较长时期的（比如 70 年或 50 年）土地使用税或土地使用费，可以由政府选择。

这两个办法的结合既保持了对无偿取得国有土地的企业分期征收土地使用税的制度，又保持了对居民住宅占据国有土地一次性征收长期土地使用税或土地使用费的制度，同时房产税征收范围扩大到居民住宅的改革目标也实现了。最重要的是这个方案解决了“房地产税”立法中的两个法理障碍。

同时，对交易环节开征消费税，这是控制房地产市场投机行为的有效措施，只需在现行消费税中增加一个税目即可。

总而言之，在减少交易环节税收前提下，对居民住宅扣除土地使用费以后的价值征收保有环节房产税，同时维持开发商通过招拍挂获取国有土地使用权的制度，再在消费税中增加一个住宅买卖环节的税目。这是一个理论上说得通，法理上无悖论，实践上可行的方案，这个税收系列可以成为实现政府在房地产领域目标的重要支柱之一。当然，这只是解决了法理问题以后的房地产税收制度框架，具体对纳税人的规定、对征税对象（保障性住房、共有产权房、不完全产权房等）的规定，对于没有履行纳税义务的纳税人的惩罚的规定等许多复杂的问题需要解决。至于开征以后对退休职工社会保障制度和对企业劳动力成本等方面的影响就更多了。“稳步推进”确实是英明决策。

高质量发展的增长来源

刘世锦[①]

一、区分三种增长率

2018年的中国经济，有诸多出乎意料之事，如中美贸易摩擦、民营经济预期不稳等，但经济增长进程尚在预期之中。从我们一直采用的经济增长阶段转换分析框架看，从2010年第一季度开始的增速回落，到2016年第三季度开始触底，逐步进入中速增长平台。触底和反弹是一个试错过程，不可能一蹴而就。从过去两年多的情况看，构成高增长重要来源的基建和房地产投资的历史需求峰值已过，在增速回落的过程中，仍在寻找与中速增长相适应的新均衡点。新均衡点找到后，整个经济的中速增长平台才能稳下来，进入一个较长时间的稳定增长期。

从目前情况看，2019年经济仍有一定的下行空间。决策层提出了稳增长的任务。在这个任务要求下，可以看到几种不同的方法。

一种是继续沿用老方法，主要是通过扩大基建投资来稳增长。这

① 刘世锦，中国经济50人论坛成员，十三届全国政协经济委员会副主任，中国发展研究基金会副理事长。

种方法看起来轻车熟路，但面临着杠杆率上升、投资空间减小、效率下降等难题。

另一种方法是将近期的增长回落归结于去杠杆以及从紧的宏观政策，主张通过宽松的货币政策和“更加积极”的财政政策维持已有的增长速度。

还有一种方法是主张尊重增长阶段转换的规律，适当降低增长预期，在保持适度的货币政策和财政政策的同时，把着力点放到实质性深化改革，拓展新的增长来源，争取中速平台上有活力、可持续、韧性强的增长。

在讨论这几种不同方法之前，有必要区分三种不同的增长率。

首先是潜在增长率。经济学将潜在增长率解释为资源得到充分或最大化利用后的增长率。有观点主张实现充分就业的增长率就是潜在增长率。潜在增长率一定程度上是一种理想状态，或者说是一种可实现的理想状态，可以将其理解为在已知或可利用的技术和资源配置方法条件下，资源得到充分利用后的增长率。

如果这样定义潜在增长率，现实中将会看到两种情形，即可实现的和不可实现的潜在增长率。前者指可利用的技术和资源配置方法都得到利用；后者指由于体制政策和其他原因，至少部分可利用的技术和资源配置方法未得到利用，或者说，只是部分利用了这些技术和资源配置方法。于是，我们就可以将可实现的潜在增长率理解为真实意义上的潜在增长率，而不可实现的潜在增长率则可称为“可及增长率”，也就是可实现的潜在增长率。潜在增长率、可实现增长率和实际增长率，我们就区分了这三种不同的增长率。

提高经济增长效率，就是要缩小乃至消除这三种增长率之间的差距，使实际增长率等于潜在增长率。可及增长率与潜在增长率之间的差距，可称为差距 1，缩小这一差距主要依赖于体制变革和结构性政策实施。可及增长率与实际增长率之间的差距，可称为差距 2，缩小这一差距主要通过货币政策、财政政策等宏观经济政策调整。

中国现阶段面临的挑战是，潜在增长率在合乎规律地下降，与此同时，差距 1 依然存在，有时候还在扩大。差距 2 表现为所谓“产出缺口”，既可以是正的，实际增长率大于可及增长率，也可以是负的，实际增长率小于可及增长率。由于对高增长的诉求强烈，实际增长率低于潜在增长率的情况并不多见。通过深化改革缩小差距 1 的呼声始终存在，有时相当高涨，但往往难以落地。相反，通过放松宏观政策使实际增长率达到或超过可及增长率的呼声，则容易得到响应。于是经常会看到缩小差距 2 掩盖或替代缩小差距 1 的倾向。

回到当下的政策选择，尽管表述方式不一，放松宏观政策的呼声再次响亮起来。一段时间以来，对降杠杆问题存有争议。降杠杆不可能一蹴而就，对其长期性、复杂性要有足够估计。但杠杆率过高依然是不争的事实，在稳杠杆的基础上将杠杆率降低到合适水平的目标不能放弃。必须明确，过松的宏观政策并不能改变潜在增长率，也不能缩小还可能扩大差距 1。而解决差距 1 的问题，恰恰是下一步稳定并优化经济增长率的关键所在。

二、高质量发展的五大增长来源

潜在增长率是一个动态概念。进入中速平台后，以往在高速增长阶段作为主要增长来源的基建和房地产投资、汽车和其他的重要消费品，相继越过历史需求峰值，逐步找到“比历史需求峰值低一些，比成熟增长阶段高一些”的新均衡点。这些需求对中速增长的存量稳定仍有重要作用，但对增量贡献已经很小了。出口也在经历大体相同的变化，对外投资的重要性相应上升。根据可借鉴的国际经验和中国实际，中速平台上的增长速度有很大可能稳定在5%～6%之间。

由于中国经济规模已经很大，即使保持这样的增长速度，每年经济的新增量依然位居全球前列。支撑这样的新增量并非易事。扩大并稳定中速平台上高质量发展的增长来源，将是一个重要挑战。在今后较长的一个时期内，中速平台上高质量发展大体上有以下五个方面的增长来源。

第一，低效率部门的改进。迈克尔·波特在分析日本竞争力时提出，日本存在着一个面向全球市场竞争的出口部门，还有一个主要面向国内市场、缺少竞争的基础部门，这种效率差异很大的二元结构，成为制约日本发展的不利因素。这种情况在中国不仅存在，而且更为突出。中国基础部门主要由国有企业经营，长期存在行政性垄断，市场准入和竞争严重不足，效率低下成为自然而然的结果。一些年来，这些领域也推动改革，虽然时有反复，但大的格局并未改变。部分企业的切身体验和实证研究都表明，中国的能源、物流、通信、土地、融资等基础性成本，要比美国高一倍以上。除了少数由于资源禀赋原因外，主要是因为中国相关行业不同程度地存在行政性垄断。另一个例子是城乡之间生产要素流动受阻，尤其是农村集体土地和农民宅基地无法进入市场。在助推城市房价的同时，更使农村错失了大量本来可以获得的发展机会。

第二，低收入阶层的收入增长和人力资本提升。收入分配差距过大对经济增长的含义是，相对于适度的分配差距，那些收入过低人群本来可有的需求空间得不到利用,从而降低了经济增长速度。反过来说，如果低收入阶层的收入能有所提高，接近或达到中等收入水平，将会形成很大的需求增长空间，直接提供增长动能。相关研究表明，近年来中国收入分配差距有所减小，但仍很大。正在进行的脱贫攻坚对经济增长的意义在于，它直接提高了消费需求。可以想象，如果贫困人口能够稳定脱贫、如果农村人口转入城市、如果城乡低收入阶层能够逐步进入中等收入阶层，将会释放出多大的需求潜能。这部分需求潜能是中国经济下一步增长空间最大也是相对易于获取的。

提升低收入阶层的人力资本是另一项重要任务，从长期看更为重要。贫困是因为人力资本严重不足。而人力资本严重不足，部分原因是从儿童营养保障到医疗、教育、就业等条件的匮乏，部分原因则是诸多方面的机会不均等导致。从全社会角度看，提升低收入阶层人力资本的空间最大，经济和社会效益也显而易见。在中国人口结构发生重要变化，在劳动年龄人口和就业人口总量下降、老龄化速度加快的背景下，提升低收入阶层人力资本尤为重要。

第三，消费结构和产业结构升级。消费结构升级是中国经济需求增长的常规动力。商品消费增长趋于平缓，其中也不乏体现消费品质提高的亮点。与此同时，包括医疗、教育、文化、体育、娱乐、养老、旅游等在内的服务性消费进入快速成长期，在一线城市，服务性消费比重已经达到一半左右。消费结构升级带动产业结构调整升级。近年来的一个突出现象是产业内分化加剧，市场份额和利润向头部企业集中，即使在一些发展不错的行业内，多数企业日子并不好过，这也是一个时期以来中小企业经营困难增多的重要原因。产业分化、重组推动优势企业、优势行业加快发展，高技术含量、高附加价值的行业比重上升。制造业的转型升级与生产性服务业的发展密切相关。制造业服务化、服务业制造化相互推动，带动了研发、设计、咨询、物流、金融、商务服务等生产性服务业发展加快。为制造业升级服务的生产性服务业，与前面提到的为消费结构升级配套的消费性服务业，大多具有知识密集的特点。知识密集型服务业正在成为拉动消费结构和产业结构升级的新主导产业。

第四，前沿性创新。以往，中国的创新主要是外来技术本地化的适应性创新。近年来的一个重要变化，是在全球创新前沿“无人区”的创新增加，由过去的主要“跟跑”，转为部分“并跑”，再到少数领域“领跑”。前沿性创新较多集中于互联网、大数据、人工智能等数字技术领域。在数字技术领域，与过去历次技术革命不同，中国总体上与先行者的差距不大，部分技术还处于领先地位。中国的优势还体现在消费市场巨大、产业配套比较完整等，易于形成商业模式和实用技术，由商业模式创新拉动技术创新。前沿性创新能够拓展潜在增长率边界，并对已有生产能力进行革命性改造，如互联网与各类实体经济的结合。中国在前沿性创新上的最大短板是基础研究滞后。如果没有一大批诺贝尔奖级研究成果形成的土壤，在前沿性创新道路上难有后劲。尤为重要的是，要形成有利于新思想脱颖而出的自由探索环境。能否补上这块短板，将是中国力图建成创新型国家无法回避的重大挑战。

第五，绿色发展。把绿色发展作为一种增长动力，与对绿色发展的理解直接相关。在传统认识中，通常把绿色发展等同于污染治理、环境保护，理解为对传统工业化模式缺陷的修补或纠偏。这样看来，绿色发展确实没有多少增长动力，甚至被看成是经济增长的代价。但如果从传统认识中跳出来，换一个角度，把绿色发展看成是与传统工业化模式相竞争并更具优越性的一种新发展模式，绿色发展对经济增长的意义就大不相同。绿色发展将重新定义产出与投入、收益与成本，力图将人类经济活动与自然之间相互冲突的关系，转化为相互融合和促进的关系，以更低的成本、更优的资源配置，提供更利于人全面发展的产品和服务。绿色发展不仅是做减法，更重要是在做加法和乘法。

需要强调的是，以上五个增长来源有一些与过去很不相同的特点。第一，对制度质量的要求相当高，“半拉子”市场经济是无法适应的，必须下决心解决市场经济建设中的“卡脖子”问题，才能过好这一关。第二，虽然也会有一些热点，但像以往基建、房地产、汽车等大容量支柱产业基本上看不到了，增量更多以普惠方式呈现。第三，增长大多是“慢变量”，长时间的努力未必见到大的成效，“立竿见影”的情况不多了，对耐性、韧劲、战略定力的要求明显提高。如果说过去30多年的高速增长是“吃肥肉”，进入中速平台后的高质量发展则是

"啃硬骨头"，增长的难度非同以往。这意味着，高质量发展将是高难度增长。

三、相配套的发展战略与建设高标准市场经济

有效发掘五个增长来源的潜能，需要制定相配套的发展战略，并提出相应的体制政策变革要求。

（一）效率变革战略

第一，完善产权保护。重要的是建立起稳定的法治保障环境，使各类市场主体的合法权益得到切实保护，不因偶然事件或具体政策调整而变化。要有一大批通过法律解决产权纠纷、保护合法权益的案例，逐步建立社会各界对保护产权法律体系的信心和预期。民营经济在经济体系中地位、作用和长期愿景，应有理论政策创新，有符合现实、顺应规律的新"说法"。

第二，进一步推动国有经济战略性调整，有效发挥国有资本的应有作用。首先是布局结构的调整，把有限的国有资本集中到符合新时期国家发展战略需要、提供不同类型公共产品的领域。分散布局、固守不变只能是削弱而不是增强国有资本的应有作用。国有资本要大踏步地从过剩产业、低效领域、其他资本更适合发挥作用的地方退出，集中到社会保障、公共产品领域中"卡脖子"的技术或产品、国家安全、环境保护等领域。其次是产权结构和治理结构调整。加快实现由管企业到管资本的转变，把资本层面和企业层面分离开，国有资本

管理部门通过市场经济中资本运行的常规方式调整优化国有资本布局。最后是投资结构的调整，区分战略性投资和财务性投资，在国有资本应当发挥作用的领域进行战略性投资，其他领域则在必要时进行财务性投资。

第三，促进各类企业公平竞争。把所有制与企业挂钩是市场经济发展初期的现象。随着市场经济的深化，各种所有制“你中有我，我中有你”，逐步融合，要想找出某种纯粹所有制的企业越来越困难。混合所有制成为市场经济成熟后的常态。把国家的强制力和信用等元素与某类企业直接挂钩，就会使宏观经济调控者、市场秩序维护者和企业所有者的三种不同身份混在一起，与其他企业形成事实上的不平等。所以，应当明确市场经济中企业作为法人实体与其所有者的正常关系，使企业性质与所有者性质相分离，摘掉企业头上的所有制属性帽子。企业不再按照所有制进行分类，而是按照规模、行业、技术等分类，以此作为企业公平竞争环境的条件之一。

第四，按照负面清单改革市场准入。低效率领域主要与“半拉子”要素市场有关，生产要素不能自由且充分流动，制约资源优化配置。要突出重点，主攻打破基础产业行政性垄断、城乡生产要素流动不便和低效企业退出等难题。这几块硬骨头啃不下来，低效率洼地不可能填平。改革的方向、目标、重点是明确的，关键是下决心、有行动，一个行动胜过一打纲领。尤其要调动地方、基层、企业的积极性和创造性，鼓励先行先试，总结好的案例和经验，推动全局。

（二）中等收入群体扩大战略

第一，加快农民工进入和融入城市的进程。户籍问题的实质是为农民工提供均等的基本公共服务。农村进城人员对城市发展创造了大量社会财富，为他们提供基本公共服务并非“施舍”，而是他们的“城市权利”。重点要解决好农民进城人员的住房问题，不仅对他们安居和融入城市至关重要，同时也能带动大量消费需求。

第二，建立反贫困的长效机制。要巩固脱贫成果，着力构造脱贫不返贫的长效机制。立足于提高贫困人口的自我发展、创造财富能力，从各地实际出发、因地制宜，发展具有自身特色和竞争优势的产业，形成稳定的增收渠道。通过改善基本生存发展环境，尤其是医疗、教育、文化等环境，重点提高年轻一代人力资本，创造更多更好的就业创业发展机会，实现贫困的代际阻隔。把仍然存在的贫困人口纳入低保系统，守住反贫困的底线。

第三，健全完善社会保障体系。在就业、医疗、养老等方面，建立覆盖全国的“保基本”社会安全网。加快实现全国统筹、异地结转，增加便利性，促进劳动者的合理流动。以更大力度，把更大份额的国有资本转入社保体系，增加社保资金供给，缩小社保资金缺口，同时促进国资产权结构、治理结构的改革。

第四，促进机会公平。把提高中等收入群体比重，纳入政府政绩考核指标体系。提高政府财政支出中用于扩大中等收入群体的比重，借助这一途径扩大内需。改变一些城市把低收入劳动者挡在城市之外的做法。在大体相当条件下，在就业、升学、晋升等方面，给低收入阶层提供更多可及机会，逐步改变低收入阶层所处的“形式上平等、事实上不平等”的状况。

（三）消费和产业升级战略

第一，推动服务业对内对外开放。知识密集型服务业是现阶段发展重点。与制造业不同的是，这类产业更多依赖不可编码知识，一方面，新技术往往需要通过“干中学”等方式才能掌握和运用，对外开放的深度将超过以往。另一方面，国内知识密集型服务业的发展也受到诸多不当准入限制，抑制了增长潜能。对外开放要加大力度，并要对内放开，对外开放与对内放开相互促进，有利于提高国内相关产业的学习吸收能力和竞争能力。实践证明，在对外开放的同时对内能够充分放开，中国产业和企业往往是有竞争力的。一定要增强新发展阶段中国产业和企业的开放自信。

第二，通过优胜劣汰带动产业升级。近年来中国产业发展的一个重要变化，是产业分化加快，市场份额和利润向头部企业集中。政府一方面应创造各类企业公平竞争的环境，另一方面要推动不再具有竞争优势的企业退出。这就需要在财政、社保、银行、法律等相关领域进行必要改革和调整。

第三，用挑剔性消费倒逼品质提升。国际经验表明，消费结构升级，特别是服务型消费的增长，将会使消费者对产品和服务从品质到体验的要求明显提升。在许多领域，挑剔性消费成为一种常态，从而激励生产者不断提高产品和服务的质量。政府应当因势利导，提高产品和服务的质量标准，鼓励生产者围绕挑剔性消费展开竞争，从而逐步形成更高层级上消费与生产的循环流程。

第四，推动制造业和服务业的融合发展。不论是制造业的服务化，还是服务业的制造化，二者的融合发展都显示了一种内在关联。促进这种融合发展，从人才、技术到企业内部结构调整、企业间购并重申等，都需要政府在要素培育、市场环境等方面给予支持。

（四）前沿性创新战略

第一，坚持以企业为创新主体不动摇。强调以企业为创新主体，不仅因为企业处在市场竞争第一线，而且因为一些年来传统的基础研究、应用研究、产业化应用界限已被打破，许多市场第一线遇到的问题，也是基础研究的前沿问题。以企业为创新主体，既可以把技术转化为有市场竞争力的产品，又在相当大程度上能够推动科学前沿重大问题的突破。由国家集中资源开展的创新项目，应聚焦于公共产品范围内的“卡脖子”问题。新形势下这种“集中力量办大事”的有效运行机制，还有一个探索过程。如果不能从传统计划经济的思维和运行机制中摆脱出来，也可能为抵制改革、重回“老路”留下空间。

第二，促进创新要素流动聚集，形成一批区域性创新中心和创新型城市。创新要素并非均匀分布，只有能够吸引到更多创新要素的地方，才会拥有更多的创新成功的机会。从国内外经验看，创新活动集中出现在若干区域创新中心或创新型城市。但这些区域创新中心或创新型城市并非人为指定的，而是在竞争中形成的。能否成为区域创新中心或创新型城市，关键在于能否形成吸引聚集创新要素的体制政策环境，包括：保护产权特别是知识产权，为创新活动提供有效激励；稳定企业家、科研人员的预期，使他们能够有长远打算；促进创新要素流动，吸引创新要素的聚集并得以优化配置；提升人力资本质量，相应改革教育和研发体制；深化金融改革，为创新提供全链条的金融支持等。

第三，加快补上基础研究薄弱的短板。对基础研究短板制约我国长期创新发展的风险，补上这一短板的长期性、艰巨性和对营造有利于科学发现的自由探索环境的重要性，都要有足够认识。通过理念、制度和政策的改革创新，加快形成既适合中国国情，又吸收国际上先进做法，最大限度调动人们在科学发现和技术创新前沿创造力的环境。在创新活跃地区，可设立若干个高水平教育研发特区，在招生、人员聘用、项目管理、资金筹措、知识产权、国籍身份等方面实行特殊体制和政策。

（五）绿色转型战略

第一，转变提升对绿色发展的理解，逐步形成全社会的新共识。不能把绿色发展仅仅看成是污染治理，而是包括绿色消费、绿色生产、绿色流通、绿色创新、绿色金融在内的绿色经济体系的发展；不能把绿色发展看成是迫于压力的权宜之计，是对传统工业化发展方式的修补，而应是与之相竞争、更符合可持续发展要求的新发展方式；不能把绿色发展与经济增长相对立，看成是对增长的拖累，而应是重要的消费新动能、创新新动能和增长新动能。认识到位了，推动绿色发展才能名正言顺、理直气壮。

第二，加快推动生态资本度量、核算与交易。迄今为止，生态资本依然无法度量、核算，更难以交易。绿色发展大都是政府提供的公共产品，或环保机构等非政府组织开展的公益活动，难以成为企业和个人市场经济条件下正常的经济活动。推动绿色转型，必须要过生态资本度量、核算与交易这一关。应将此作为绿色创新的重要内容，鼓励支持相关研究、试点和推广。经过持续不懈的努力，逐步使生态资本与其他资本形态一样，能够按照市场经济的通行规则比较成本收益，优化配置资源。

第三，积极探索并形成绿色发展的行动目标和激励机制。把绿色发展的可行指标作为政府工作的考核指标，把绿色发展收益作为经济社会发展成果的重要内容。在成熟的生态资本核算方法实施前，借助财政、税收、价格和标准等手段，尽可能将原本外部化的绿色发展收益和传统发展方式成本内部化，使绿色发展有利可图，传统发展方式则承担本应承担的成本。

提出并实施以上发展战略，都对体制政策环境提出了与以往大不相同的要求。不认真地解决体制上的“卡脖子”问题，不下决心啃硬骨头，新的增长动能就出不来，即便比过去降低了的增长速度也未必能够维持。面对这些挑战，有一个问题是不能回避的，即对市场经济的态度。中国在市场经济这条路上已经走了40年，是停滞徘徊，还是继续向前走？停是停不住的，不进则退，而倒退是没有出路的。向前走，需要提出一个新的目标，就是建设高标准的市场经济。

转向高标准的市场经济，就是要以产权保护和要素市场化为核心，在重点领域和关键环节深化改革，其中涉及一些焦点难点问题，包括打破行政性垄断、公平竞争、保护产权特别是知识产权、国资国企改革、产业政策转型、改革补贴制度、转变政府职能、维护劳动者权益、保护生态环境和绿色发展等。对这些问题，党的十八届三中、四中、五中全会和党的十九大都指出了改革的方向、重点和方法，并不是别人逼着我们要改，而是我们从长计议、战略谋划，从中国国情出发做出的主动选择。当务之急是落实好已定的改革开放部署，切实加快推动国资国企、土地、金融、财税、社保、政府管理、对外开放等重点领域的改革进程。把这些要求真正落实到位了，就能够在建设高标准市场经济方面迈出很大的实质性步伐，在一个更高平台上争取到新的有利国际国内发展环境，赢得新的发展机遇期。

适应低速增长

姚洋①

经历 40 年的高速增长，我国的政府、学界和民间似乎都已经把高增长当作了中国经济发展的常态，即使是“新常态”，也把我国的增长转型定义为从高速增长转向“中高速增长”的过程。但是，世界范围内的历史经验告诉我们，维持 40 年以上的高速增长（6% 以上）是非常困难的。对于赶超型经济体而言，增长减速一般发生在去工业化开始之后。而且，对于以出口导向为发展模式的经济体，由于去工业化一般都与世界经济格局的大调整有关，因此减速不是线性的，而是掉下一个台阶。我国具有大国优势，内部的增长收敛可以维持我国较长时间的较高速增长，但这个潜力也是有限的。全球金融危机之后，我国被迫放弃出口导向的发展模式，开始去工业化，经济增长速度也随之下降。搞清楚我国经济的潜在增长速度，对于我国制定合理的长期发展和短期宏观调控政策，是非常必要的。本文在一个简单的框架里得到决定人均 GDP 潜在增长率的两个因素，即人均资本

① 姚洋，中国经济 50 人论坛成员，北京大学国家发展研究院院长。

存量增长率和全要素生产率的增长速度，前者进一步取决于国民储蓄率，后者进一步取决于效率的改进和技术进步率。我国的国民储蓄率自金融危机以来以较快的速度下降，效率改进虽然还有一定的空间，但经过30多年的改革，这个空间已经接近上限，而世界范围内的经验表明，技术进步率不可能太高。所以，我国应该适应较低速度的增长率。

一、我国经济的结构变化与增长减速

自金融危机以来，我国经济的最大变化是去工业化。去工业化是每个经历过工业化全过程的经济体必然要发生的事情，其主要表现是工业就业和产出比例的下降。图5.2显示了1953年以来我国三大产业就业比例的变化情况。和一般的规律相同，第一产业（主要是农业）就业比例除在1958—1960年之外持续下降，第三产业（服务业）比例持续上升。第二产业（工业、建筑和交通行业）就业比例除在1958—1960年突增之外，1997年之前的其他时间缓慢上升。受亚洲金融危机的影响，第二产业就业比例在1997—2003年下降。2004—2012年，第二产业就业比例突增10个百分点，相当于之前40年的增长，显示了这一时期我国工业化突飞猛进的增长速度。但自此之后，第二产业就业比例开始下降。基于以下原因，此轮下降与1997—2003年的下降不同，不太可能是临时性的，而更可能是永久性的。

第一，我国的第二产业就业比例达到其他国家（地区）达到过的顶峰。图 5.2 显示，我国第二产业就业的顶峰在 2012 年，为 30%，但这可能是一个低估的数字，原因是农业就业的比例可能被高估了。农村地区的兼业化倾向很严重，一个农村居民一年当中从事农业生产的时间平均不会超过 1/4，国家统计局公布的农业就业比例极可能被高估。根据调查数据，经济学家认为农业就业比例在 20% 以下，而不是统计局公布的近 30%。如果把多出来的 10 个百分点平分到第二和第三产业，则第二产业就业的顶峰应该达到过 35%，35% 是美国、日本和韩国达到过的峰值，我国超过这个峰值的可能性不大。

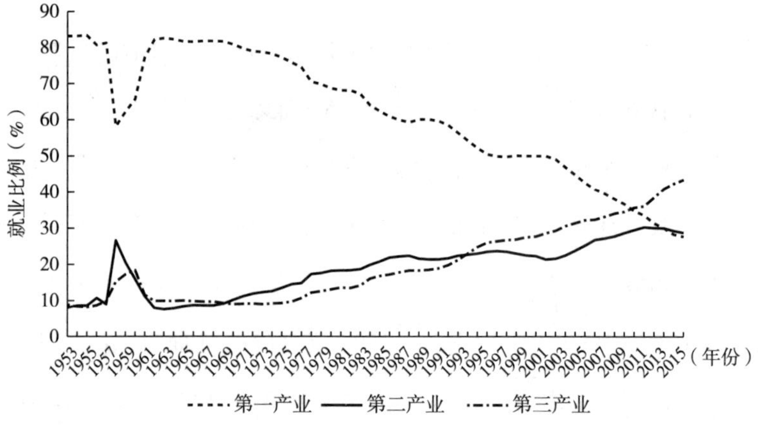

图 5.2　我国三大产业就业比例的变化情况

资料来源：国家统计局网站。

第二，受全球金融危机的影响，我国已经告别出口导向的发展模式，进入以国内消费为主的时期。事实上，如图 5.3 所示，我国的出口与 GDP 之比在危机之前已经达到顶峰，目前已经回落到日本的水平，即 17%～18% 之间。可以对比的是，美国的出口与 GDP 比例只有10%，因此可以想见，这一比例在我国未来还将进一步下降。在危机之前，国际市场对我国出口的需求旺盛，极大地带动了我国的增长。按照刘遵义等人的计算，出口对我国GDP总量的贡献为11%左右，而我国出口在2001—2008年的平均增长速度达到29%，由此得到出口增长对我国GDP增长的贡献为3.2个百分点，占全部增长的1/3。[①]危机之后，出口的增长速度下降，2014年以来的多数年份甚至变成负增长，出口不仅不再是推动我国经济增长的动力，而且还开始拖增长的后腿。我国的出口产品基本上都是工业产品，因此，我国工业化的高峰期与出口导向发展模式的高峰期重合。随着出口增长的退潮，我国开始去工业化也是一件正常的事情。

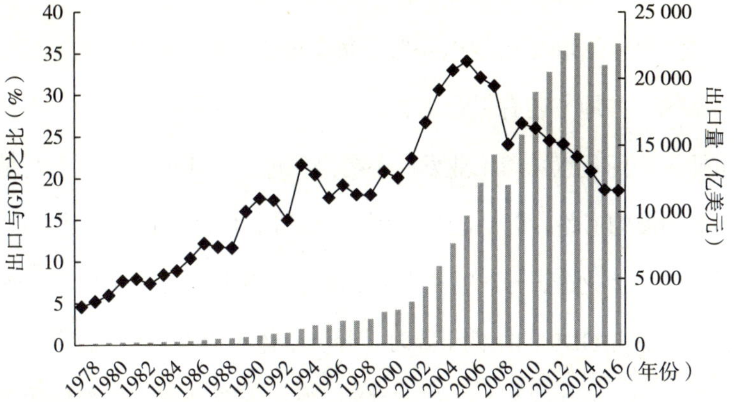

图5.3　我国的出口量及其与GDP之比

资料来源：国家统计局网站。

① 刘遵义等，《非竞争型投入占用产出模型及其应用——中美贸易顺差透视》，《中国社会科学》，2007第5期，第91—103页。

第三，随着高端和较高端服务业的兴起，劳动力将从农业和工业流向服务业，近些年兴起的外卖服务正是这个变化的一个反映。工业的资本密集度远高于服务业，因而抑制了工人工资的增长。比较而言，服务业是轻资产行业，劳动报酬占比高于工业，当服务业扩张的时候，更多的劳动力就会涌向服务业。而且，2012 年之后服务业的扩张和 1997—2003 年服务业的扩张存在一个显著的不同，就是服务业质量的上升，扩张不是发生在低端服务业（如家政服务），而是在像物流、金融、咨询、法务等高端行业，因而对劳动力具有更多的吸引力。

一个国家能否完成深入的工业化，对于它能否成功跨越中等收入陷阱、进入高收入国家行列，具有决定性的作用。[①] 我国的工业化足够深入，因此我们没有理由担心去工业化将阻止我国的经济增长。而且，我国经济整体开始去工业化，不等于每个地方都齐步走，一起去工业化，中西部的一些地方还有工业化潜力。去工业化也不等于我们不需要再搞工业了，而是意味着工业发展不再是采取外延扩张的模式，而是要走内涵发展的道路。但是，去工业化开始之后，经济增长减速是必然的，原因在于，工业比服务业的技术进步率高，当服务业占 GDP 的比例上升、而工业占 GDP 的比例下降时，经济整体的增长速度就会下降。而且，我国的工业化进程是出口推动的，出口增速下降，必然导致工业增长速度的下降。

第四，我国的工业化和去工业化也与我国的人口结构转型同步，

---

① Su, Dan, and Yao Yang. “Manufacturing as the Key Engine of Economic Growth for Middle-income Economies”. *Journal of the Asia Pacific Economy*, 2017, 22(1), pp.47−70.

进一步加强了增长速度的变化。图 5.4 显示，2010 年是我国劳动人口比例的分水岭，2010 年之前是上升趋势，2010 年之后是下降趋势。劳动人口比例是衡量人口红利的最重要指标。2010 年之前，我国的人口红利上升，人口结构变化对经济增长产生正的效应。2010 年之后，趋势刚好相反，人口转型成为迟滞我国经济增长的因素之一。

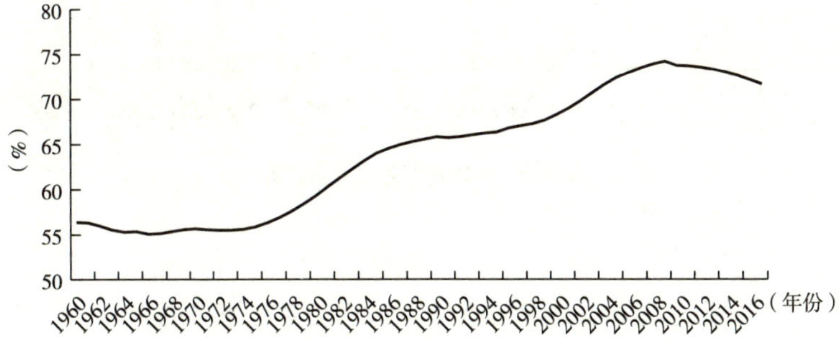

图 5.4　劳动人口（15～64 岁）占总人口的比例

资料来源：国家统计局网站。

与人口红利下降同步，农村地区的劳动力流出已经接近尾声，这从图 5.5 可以看得很清楚。亚洲金融危机之后，外出务工人员数量大减 40%，之后除少数年份之外一直维持态势，但 2014 年之后开始稳定下来，说明新增务工人员数量进入停滞时期。事实上，多数农村地区的老龄化比城市更加严重，空心村不断增加。这也从另一个侧面表明，我国的农村向城市的劳动力流动的动力已经基本消失。

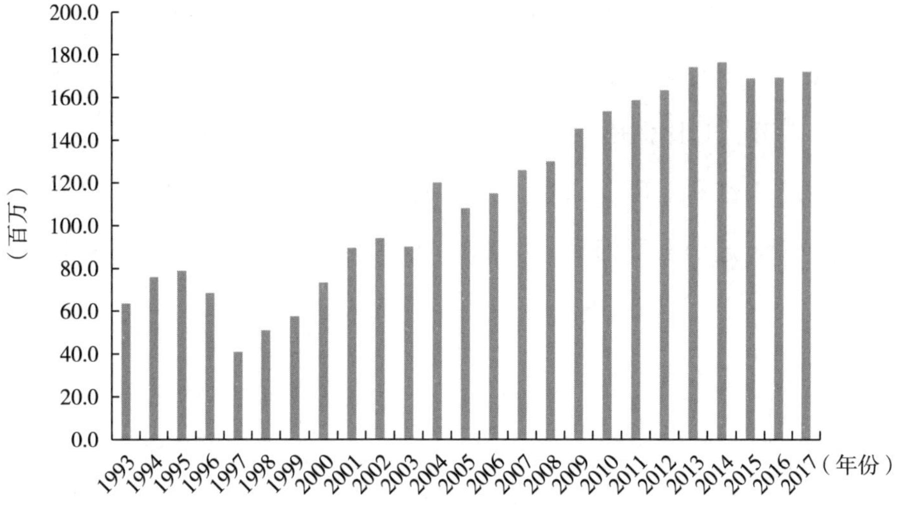

图 5.5　农村外出务工人员数量

资料来源：国家统计局网站。

以上几个方面构成了我国经济整体增长速度下降的大背景。第二节通过一个简单的理论模型进一步说明这个过程，并对我国经济增长潜力的预测提供一个框架。

二、理论分析

考虑下面的索洛增长模型。

$$Y = AK^{\alpha}L^{1-\alpha} \qquad （公式 1）$$

其中，Y 为总产出（GDP），A 为全要素生产率，K 为净资本存量，L 为劳动力数量，a 为资本产出弹性。从公式 1 可以得到人均 GDP 数字。

$$y = Ak^{\alpha}\ell^{1-\alpha} \quad （公式2）$$

其中，k为人均净资本存量，ℓ为劳动力占人口的比例。那么，得到人均收入的增长速度数字。

$$g_y = \alpha g_k + (1-\alpha) g_\ell + g_A \quad （公式3）$$

其中，g_k为人均净资本存量增长率，g_ℓ为劳动力比例的变化率，g_A为全要素生产率的增长率。资本存量的增长取决于储蓄总量。以s代表国民储蓄率，以c代表生产性净资本存量与GDP的比例，则得出公式4。

$$g_k = s/c \quad （公式4）$$

在这个简单的分析框架内，结合上节所给出的结构变化事实，我们可以比较容易地理解我国经济增长速度在危机前后的变化。图5.6显示，除1990年左右几年之外，自20世纪80年代到2009年，人均净资本增长速度呈现周期性震荡上升趋势，2009年达到峰值（14.8%），其中尤以21世纪的头十年提速最快。与此相对应，资本增长对人均GDP增长的贡献率也一路上升（以资本产出弹性a等于0.6计算），到2012年更是突破100%（TFP增长率为负数）。值得注意的是，2009—2012年的人均净资本增长速度下降，但资本增长对人均GDP增长的贡献率达到顶峰，与大部分研究的结论一致，这几年的经济增长主要是资本积累推动的。2012年之后，人均资本增长速度继续下降，到2017年已经回落到20世纪90年代初期的水平，但资本增长对产出增长的贡献率也下降，向着21世纪初期的水平回落（70%左右）。这说明我国经济在逐步退出资本积累推动的路径。

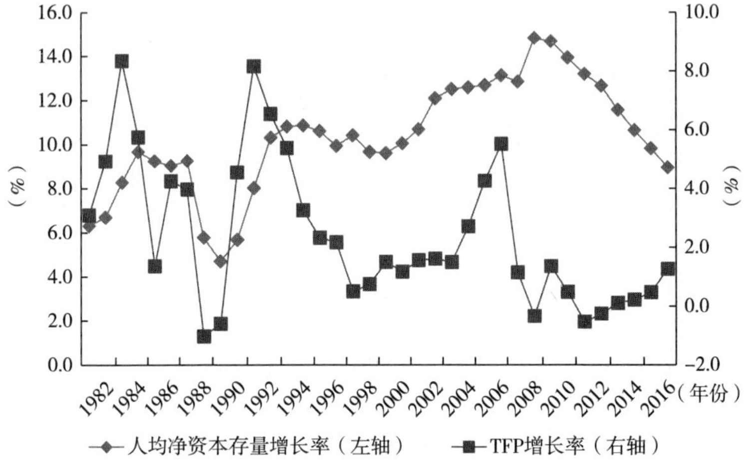

图 5.6　人均净资本存量增长率和 TFP 增长率

资料来源：净资本存量的数据来自刘舸帆研究。TFP 增长率根据公式（3）计算，资本存量增长率根据刘舸帆研究。劳动人口比例来自 Wind，资本产出弹性设定为 0.6。

以上变化与我国国民储蓄率的变化基本上同步（图 5.7）。在 21 世纪之前，我国的国民储蓄率缓慢上升（20 世纪 90 年代后期还有所下降）。进入 21 世纪之后的头十年，国民储蓄率快速上升，从 2000 年的 38% 一路上升到 2010 年的 52.6%，极大地提高了我国资本积累的速度。2010 年之后，国民储蓄率开始下降，到 2017 年已回落到 20 世纪 90 年代的平均水平。

相较而言，劳动人口比例的变化很小。在 2010 年之前，每年平均增长 0.74%，2010 年之后每年平均下降 0.43%，对我国经济的增长速度的影响较小。当然，这不意味着以后的影响也很小，因为我国的经济增长速度在下降，而人口老化速度却在上升。

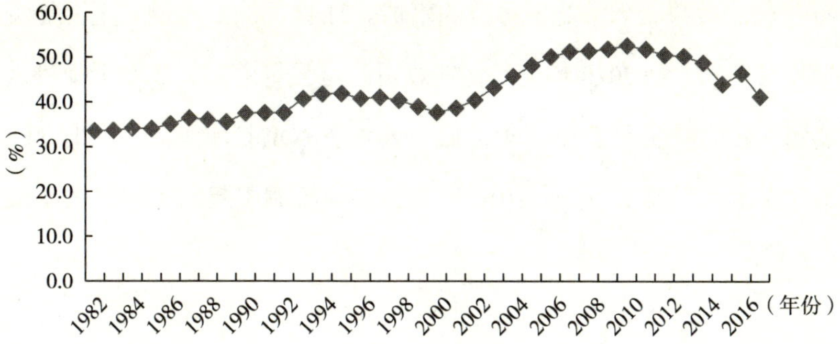

图 5.7　国民储蓄率

资料来源：根据消费占 GDP 的比例计算得到。消费占比来自国家统计局网站。

全要素生产率方面，2012 年之前，TFP 增长率与资本积累速度同步（图 5.6）。这与资本积累导致效率下降的观点不符，但与刘舸帆[①]的新发现一致：基础设施投资具有熨平经济波动的功能，而且对 TFP 增长率有微弱的提升作用。从 1982 年到 2017 年，TFP 平均增长率为 2.4%，但随着时间的推移呈现下降的趋势：20 世纪 80 年代（1989 和 1990 两年除外）的平均为 4.5%，90 年代平均为 3.5%，21 世纪头十年平均为 2.0%，2010 年之后平均为 0.3%。这是否意味着我国经济效率持续下降？在一定意义上讲，答案是肯定的。我国的资本积累对 GDP 增长的贡献越来越呈现疲软之势，这符合资本边际报酬递减的规律。但我们也要看到，20 世纪 80 年代是我国经济走出计划经济的时期，效率的改进包含了恢复经济增长的成分，而 90 年代是我国经济改革最为剧烈的时期，较高的效率改进是可以理解的。进入 21 世纪之后，改革红利基本用完，尽管改革仍然还有空间，但想获得

① 刘舸帆，《基础设施投资对全要素生产率的影响》，北京大学挑战杯，2019 年。

90 年代的效果，恐怕是不可能的事情。21 世纪的经济增长主要靠资本积累推动，到 2010 年之后，其效用已是强弩之末，效率下降可以理解。好的势头是，2012 年之后，人均资本增长率下降，同时 TFP 增长率触底反弹。看来，2012 年之后的经济调整起到了提高效率的作用。

三、我国经济的潜在增长率

在第二节理论分析的基础上，本节探讨我国经济的潜在增长率。公式 3 给出了潜在增长率的计算公式，其中的重要变量包括国民储蓄率（s）、资本与产出比例（c）、资本产出弹性（a）、劳动人口变化率（g_ℓ）以及 TFP 增长率（gA）。图 5.8 给出了两个预测。预测 1 的假设如下：净资本存量增长速度由 2018 年的 8.5% 匀速下降到 2049 年的 0%；资本产出弹性由目前的 0.6 匀速下降到 2049 年的 0.3；劳动人口比例由 2018 年的 72% 匀速下降到 2049 年的 55%；TFP 增长率的变化分为两段，2018—2030 年由 0.15% 上升到 3.5%，2031—2049 年匀速下降到 2%（美国的长期速度）。预测 2 的假设除净资本存量的增长率之外，都与预测 1 相同。关于净资本存量的增长率，预测 2 假设国民储蓄率从 2018 年的 41% 匀速下降到 2049 年的 25%，资本与产出比例固定在 3.5，折旧率分为三段：2018—2030 年为 3.2%，2031—2040 年为 3.8%，2041—2049 年为 5%。

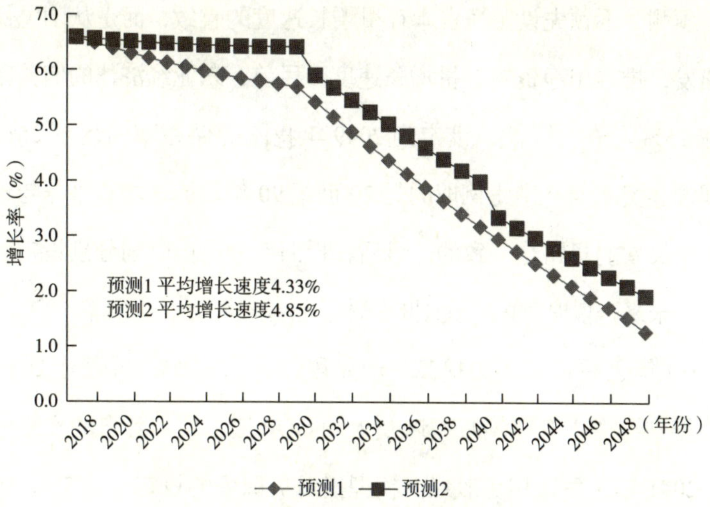

图 5.8　我国潜在增长率预测

资料来源：作者计算。

预测 1 的前提是到 2049 年资本积累只够弥补折旧，不再对经济增长具有任何贡献；如果劳动人口比例不变的话，经济增长就进入稳态。随着资本对经济增长贡献度的下降，资本产出弹性也会下降，而 0.3 是发达国家目前的平均水平，假设 1 暗含的假设是我国的经济结构到 2049 年接近发达国家的水平。2049 年的劳动人口比例综合了其他预测给出的数字。[①] TFP 增长率在 2030 年设定为上升态势，因为我国经济的效率在改善，有望达到我国经济的最高水平，但 20 世纪 80 年代作为最高水平不太科学，因此用 20 世纪 90 年代的平均水平作为替代。2030 年之后，经济改革和结构调整可能基本完成，因此，TFP 增长率完全由技术进步率决定，我国离国际技术前沿的距离缩短，收敛发生。

① Mao, Rui, and Yao Yang. "Structural Change in a Small Open Economy: An Application to South Korea". *Pacific Economic Review*, 2012, Vol. 17, No. 1, pp. 29–56.

预测 2 不预先设定净资本存量增长速度的收敛，而是从国民储蓄率出发，推导出净资本存量增长速度。目前，东亚经济体的储蓄率仍然在 25% 左右，因此，设定到 2049 年我国的储蓄率回落到 25% 是合理的。资本与产出比例取的是 20 世纪 90 年代的平均水平，与设定 TFP 增长率的思路是一致的。最后，折旧率分三段时间分别设定，是因为在未来一段时间内，我国的资本存量还较年轻，折旧率不会太大，但 2030 年之后折旧率会提高。起始段设定为 3.2%，可以让 2018 年计算得到净资本存量增长率以及人均 GDP 增长率与各自的实际值相等。2041 年之后采用一般经济模型里对折旧率的设定，即 5%，中间 2031—2040 年为前后两段时间的平均值。

预测 1 给出的 2018—2049 年我国的平均增长速度为 4.33%，预测 2 略高，为 4.85%。两者的差距来自于对净资本存量增长速度的不同假设。在预测 1 的假设下，到 2049 年，净资本存量不再增长，而在预测 2 的假设下，那时净资本存量仍然可以保持 2% 以上的增长。即使是采纳预测 1，我国未来 30 年的增长速度也不低：2030 年之前，平均增长率为 6%，2031—2040 年下降到 4.3%，2040 年之后下降到 2.1%。可以对比的是，日本在 20 世纪 70 年代初期因为布雷顿森林体系瓦解和第一次石油危机，被迫放弃出口导向的发展战略，之后的 20 年的平均增长速度只有 3% 左右（因数据来源不同略有差异）。值得注意的是，20 世纪七八十年代是日本经济的黄金时代，除个人计算机之外，世界上多数新发明都来自于日本。然而，日本经济在这个时段的增长率并不是很高，说明仅靠创新是无法维持高增长的。从公式 3 可以看到，资本积累也是一个重要的增长引擎。我国自 2010 年以来的经济结构转型与日本在20世纪70年代的转型非常相似，而且，我国的技术进步也进入到快车道，在通讯、互联网和人工智能领域处于世界第一阵营，有理由相信，我国经济的黄金时代也将来临。我国与日本的不同之处在于，日本在20世纪70年代初的人均收入已经达到美国的一半左右，而我国目前的人均收入只有美国的四分之一强。从收敛的角度来看，这会让我国的经济维持一段比日本当年更高速增长的时期。但是，收敛的基础是资本积累，而不是技术进步。

预测1所显示的增长率已足以让我国在2049年实现成为现代化强国的目标。从人均收入的角度来看，现代化强国的标志是加入高收入国家的行列。更具体的，是达到OECD国家的收入门槛，即人均实际收入达到美国人均收入的45%。当前，世界上只有36个国家的人均实际收入能够超过美国的45%，除石油输出国之外，主要是OECD国家。按照购买力平价计算，2018年我国人均收入相当于美国的27.7%，简单的计算告诉我们，到2049年要达到美国的45%，2018—2049年我国的人均GDP年均增长速度超过美国的1.62个百分点就够了。美国人均收入的长期增长率在2%～2.2%之间，因此，只要我国的人均GDP增长速度超过3.82%，就可以实现进入发达国家行列的目标。如果预测1成立，到2049年，我国的人均收入将达到美国的51.7%，我国的GDP总量将超过美国的两倍。

四、讨论

以上预测假设内外环境基本稳定，不会出现较大的风险，但是，未来一段时间里，我国需要处理两大长期风险。一个是人口老龄化，另一个是变化的国际环境。

无论是否放开生育，我国的人口老龄化也是一个确定的趋势。然而，老龄化的挑战不在供给侧。从公式3来看，只有劳动人口比例的变化率才影响经济增长，而这个变化率是比较小的。而且，随着人工智能和自动化的推广，劳动力供给对经济增长的贡献将越发下降，甚至，在未来一段时间里，我们可能更要担心失业，而不是劳动力供给不足的问题。日本的经验告诉我们，老龄化的挑战主要是在需求侧。老年人的收入是固定的，因而不可能有较大的消费，而养老负担又会挤压年轻人的收入，降低他们的消费，正如日本正在发生的一样。

在国际领域，一方面，能够为中国增长提供支持的市场容量将越来越小，另一方面，我国工业技术的持续改进，将对其他国家的工业生产形成挤压。战后东亚地区国家的经济发展基本上符合雁阵模式，但是，中国崛起之后，世界经济增长的“雁阵”可能长期停留在中国。雁阵模式背后的推动力是“头雁”国家（地区）劳动力价格的上涨带动它们的企业把生产转移到劳动力价格更低的“后雁”国家（地区）。但是，随着人工智能和自动化的兴起，劳动力价格不再是一个重要的竞争要素，雁阵模式因而可能失效。另一方面，我国工业的门类齐全，生产网络周密，中等技术企业不会轻易搬迁到其他国家去，因而，即使其他发展中国家能够完成劳动密集型产业的发展，它们要想转型升级也会很困难。

如果以上判断是正确的，那么，未来、特别是2030年之后我国将不得不面对国内和国际市场双重的约束。如何破解约束，是未来很长一段时间里我国需要解决的问题。

以所有权结构化、社会化推进要素市场化

刘尚希[①]

当今中国已成为世界第二大经济体，人均 GDP 接近 9 000 美元，与经济短缺时代相比已完全不可同日而语。在如今相对充裕的条件下，贫富差距问题凸显出来，于是就有人仍以传统思维对民营企业的发展进行解读，以至于出现了诸如“民营企业要退场”这样的奇谈怪论。应该说，时代不一样了，出现各种奇谈怪论也很正常。但实际上，民营企业的发展，不仅是个实践问题，更是个理论问题。出现这个问题，其实还是与理论的不彻底性有着密切关系，其中既有时代背景因素，又有社会对民营经济的发展，尤其对公有制经济与非公有制经济之间的关系，在理论认识上的不充分密切相关。作为学界人士，有责任、有义务进行这方面的研究。我认为，只有围绕产权制度进行更深入的理论探讨，完善体制机制，才能真正把习近平总书记的讲话精神贯彻落实好。

① 刘尚希，中国经济 50 人论坛成员，中国财政科学研究院院长。

一、改革开放四十年的巨大成就得益于产权激励

只有完善产权制度，才能真正解决公有制经济与非公有制经济，即国有经济与民营经济之间存在的鸿沟。毋庸置疑，理论的不彻底性会导致认识的模糊性以及在实践中的摇摆性，这是相互关联的。所以，必须首先从理论上对民营经济发展的必然性进行清晰的阐释，即民营经济的发展不是中国的权宜之计。不仅要从现有的民营经济“五六七八九”的特征去推理，更要从逻辑上，从人类社会发展的趋势上，从所有权与产权、所有制与市场经济等基本理论问题上进行分析，从而得出自然的、符合逻辑的结论。

众所周知，中国的社会主义市场经济是在公有制基础上逐步建立并发展起来的。国外的理论界曾一度认为，在公有制基础上不可能搞市场经济，但我们偏偏搞成了，而且实践证明搞得还不错，其原因又如何从理论上来阐释？

从中国发展的历史进程来看，在公有制基础上建设社会主义市场经济，并由此衍生出的非公有制经济，为什么能成为国民经济的主体？我认为这应当归功于产权改革形成的产权激励。改革开放四十年来，产权改革主要表现在两个方面。

一方面，在公有制经济领域，国企所有权与经营权从不分到分开。另一方面，非公有制经济从被禁止到放开，到鼓励，再到全面支持。这两方面通过产权激励实现了大发展，这就是说，产权比所有权更能促进生产力发展，成为经济发展的内在动力。解决吃饭问题、推动工业化、完善产业体系，都是在产权激励基础上实现的。但现有的

产权制度并不完善，激励效应严重递减，只有进一步加快产权制度改革，才能填平公有制经济与非公有制经济之间的鸿沟，把这两者在产权基础上真正融合起来，才能形成经济发展的新动能。而如果在中国未来经济发展中依然按照公有制与非公有制两个板块来运行，那么板块之间就会产生摩擦，产生歧视。这种摩擦是体制性摩擦，这种歧视是所有制歧视。而要解决好这个问题，最根本的办法就是完善产权制度，把两个板块融合起来发展，在产权这个层次上真正做到一碗水端平。

综上所述，我认为，要贯彻落实好习近平总书记的讲话精神，不是喊喊口号、读读文件、表表态就可以做到的，而是要进行产权制度改革和创新。然而，产权制度改革又是艰难的，需要以清晰的理论做指导，可能还会触及各个方面的利益，不是一蹴而就的。但我们只能以改革的方式，以改革的办法去贯彻中央精神。不谈改革，只谈文件和政策，这种方式的“落实”往往是水过地皮湿，过去一阵子以后又会回到原状。

要以改革的方式来完善产权制度，不仅要从理论上说清楚，更要设计、协调好改革的方案，从而保证在实践中真正加以落实。只有这样，民营经济的发展才能真正融入整个国民经济当中，公有制与非公有制经济才不会成为泾渭分明的两个板块，才不会时不时发生摩擦，现实中各种各样的歧视才能真正消除。

二、经济活力来自产权，而不是所有权

深化改革，完善产权制度，涉及三方面问题。

（一）产权成为市场经济的基石，而不是所有权

产权是市场发挥决定性作用的基石。因为所有权强调占有，而产权强调使用，占有是静态的，并不会带来财富，只有使用才能创造财富，只有拥有产权才能真正地推动生产力发展。

在市场经济条件下，尤其是在现代市场经济条件下，所有权社会化、结构化的趋势越来越明显。何谓所有权社会化、结构化？所有权实际上不是一个权，它是一束权，包括占有权、使用权、收益权、处分权，这些权是可以分解的，可以由不同的主体来行使。举个日常生活中的例子，一套房子的所有权属于某个人，但这个人可以通过出租的方式把使用权让渡给别人，承租人虽不享有所有权，但他因拥有了使用权而获益。同样，包括土地资源在内的大量生产要素虽然归国家所有，但并非由所有者直接使用。改革开放以来，大量国有的生产要素不是由政府直接使用，使用者当中不仅包括国有企业，也包括大量民营企业和个人。其实这就是国家所有权的社会化和结构化在现实中的表现。

以上举例说明，虽然所有权主体是一个，但它的产权可以形成多个。将所有权分解交给多个主体来行使，通过产权交易形成了多个产权主体，也就成为资源配置者。所有权和产权属于两个不同的概念。在现代市场经济中，所有权从绝对化变成了相对化，或者从完全所有权到不完全所有权，在这个趋势中产权衍生出来，产权人成为资源配置的主导力量，构成各类市场主体。微观活力来自产权人，而不是所有人。

是谁在进行资源配置？是使用资源的人，这部分人构成了产权主体，而非所有人这个主体。在改革开放进程中，产权改革最先从农村开始。在过去集体所有制下，土地由集体所有，吃饭问题都难解决，

后来在不改变土地所有权前提下，通过大包干进行产权改革，推动所有权结构化、社会化，农民成为土地使用者和经营者。通过这样的改革，很快解决了我们的温饱问题，促进了农业生产力的发展，更是大大提升了全社会资源配置效率。后来在国有经济领域推动两权分离的产权制度改革，也激发了国有企业的活力。所有权可以不变，只要产权激励搞对了，经济同样有活力，发展同样有动力。中国不搞私有化，同样可以通过市场来配置资源并发挥决定性作用，其秘诀就在于产权改革。但这些改革并未完成，还在继续。如果不推进与社会主义市场经济体制相适应的产权制度改革，下一步的发展潜力就难以提升。

要提高资源配置效率，就不能拘泥于所有权的完整性，必须放弃不合时宜的绝对所有权。对于大量国有生产要素，若不能通过所有权分解、产权交易的方式，就不能得到有效配置，那实际就是对国有资源、国有资产的损害，限制其不能得到充分有效的利用，使它贬值。国有资产只有在流动中，通过产权化才能完成其历史使命，使人民有机会分享更大的经济蛋糕，改善人民生活。从这个意义上来说，所有权社会化、结构化是一种历史趋势。

（二）当前存在所有权清晰，但产权不清晰的问题

对于作为所有权对象的生产要素或资产，过去长期是以占有为目的，而现如今是以收益为目的。如果没有收益，就意味着所有权在经济上没有实现，彻底虚化了。如此一来即使占有，又有什么意义？在市场经济条件下，以占有为所有权主要内涵的时代已经过去。在当今社会，占有只是手段，更重要的是获取收益，实现增值。收益权成为当

今社会所有权的核心内涵，其他权能都可以交给其他更有效率的主体来行使。

而对所有权进行分解，让不同的主体来行使，这就是产权构建的过程。产权构建的过程，就是订立契约的过程，属于民法规范调整的对象。在市场经济条件下，产权成为公、私所有权的普遍实现形式。产权源自所有权，又超越所有权，也同时超越了公与私，成为资源有效配置的内在机制，故而成为市场经济的基石，产权制度是社会主义市场经济体制的基础性制度。

社会主义市场经济既非单纯的私有制，也非单纯的公有制，而是以产权为基础的混合经济。公有制经济、非公有制经济都将演变为“产权经济”。所有权已不是最重要的，从发展生产力的角度来分析，如何对资源进行有效配置，提高其利用效率，这才是最重要的。因此，要把完善产权制度作为新时代经济体制改革的重点，补齐短板、完善法治，持续加强产权保护，稳定长远预期。

（三）推进所有权社会化、结构化的改革

完善产权制度，填平公有制与非公有制经济之间的鸿沟，就需要加快所有权社会化、结构化的改革。模式的创新、产品的创新，往往是技术专利、研发人员、创意设计、风投等各种创新要素组合的结果。但在现实中往往遇到体制问题，这是因为大部分科研院所是公有制的，研发出来的成果如何实现转化？转化的收益归谁？过去认为这是国有资产，所有成果转化形成的收益应全部归国家所有，在这种情况下很难激发研发人员的积极性。如今国家出台了新的政策规定，科技成果

转化收益的一定比例可以为研发人员个人所有，或由单位自主分配，从而调动了科研人员的积极性，这就是知识产权社会化、结构化的优势所在。创业创新就需要对知识产权进行社会化、结构化，否则，创新是很难真正实现的。

所有权有公、私之分，而产权则是中性的、可以混合的，是一种民事权利。比如说国家的土地出让给私人企业甚至是个人使用，那么土地的产权是什么性质呢？土地的所有权要么属于国家，要么属于集体，这是清晰的，但是土地的使用者可能是国企、民企或是个人，此时，土地的使用权，法律上称为用益物权，作为一种产权，是公有还是私有，就说不清楚了，用划界的对立思维无法对此描述。国有土地，从源头来看是公有的，属于公共产权，但是从使用者来看，也可以说它是私有的，属于私人产权，土地的使用权受法律保护，因为订立了契约。在这种情况下，产权既非绝对的公有，也非绝对的私有，而是两者的混合，变成了一种中性的民事权利。这就是为什么我们讲所有权的时候往往有公私之分，但谈到产权的时候就很难用公与私的概念。所以，在市场经济的运行层面，在资源配置中，产权很难用公与私来分类和定义，公有制经济与民营经济的分类逻辑上也难以说得通。公与私的概念存在于政治层面、社会层面、经济层面，其内涵是有区别的，不能一概而论。决定社会性质的也不是公与私，而是取决于社会领导阶层的性质。

股份公司是市场主体存在的一种重要组织形式。股东并没有实际的经营权和控制权，仅有收益权，大股东可以参与决策，小股东可以影响决策。从股份制企业的组织形式来看，所有权的结构化、社会化发展到了一个新的高度。随着数字经济的发展，平台型企业组织形式日益涌现，所有权的结构化、社会化，还会得到进一步深化、拓展。

三、从以所有权为中心转向以产权为中心

中国有关所有权的法律是非常清晰的，而关于产权的法律则相对滞后。《物权法》历经 14 年 8 次审议终于在 2007 年 3 月 16 日的十届全国人大五次会议上通过并实施，可见，在公有制基础上建设市场经济比在私有制基础上建设市场经济的难度大得多，既面临很多新的理论问题，也面临很多新的实践问题。

无须讳言，中国的国民经济按照公有制经济和非公有制经济进行划分，从生产关系来说或许是有意义的，但从生产要素的市场化配置来说则会产生阻碍，不利于生产力的发展。基于此，不宜过分强化公有制经济和非公有制经济的概念，不要动辄区分这是民营企业，那是国有企业，因为越强化这个概念，两者之间的分别就会人为凸显，就越会产生摩擦，在产权层面的融合就会遇到更大的困难。在进行混合所有制改革过程中，遇到了这样那样的困难，大多与过分强调国有经济、民营经济的分别有关。而过分强调国有经济和民营经济，恰恰是基于所有权的观念，而非基于产权，过于强调传统的生产关系，而忽略了当今生产力的要求。这说明，我们需要进一步解放思想，解决好公与私的问题。

尽管党的十九大报告强调要完善产权制度，夯实市场经济的基石，然而，受传统观念影响，人们不由自主地基于所有权去划分经济形态，

根据所有制性质划分企业类型，这样就会出现所有制的歧视。这种所有制歧视又强化了我们的传统所有权观念，难以真正换位到产权观念上来。

完善产权制度，填平公有制与非公有制之间的鸿沟，社会主义市场经济理论与实践就应当从以所有权为中心转向以产权为中心，让产权走上前台，让所有权隐向后台。产权一旦取得主导地位，所有权也成了产权的一种形式，法律上的所有权与产权也就没了分别，后者通常被称为用益物权，两者仅仅是财产权的两种不同形式。对自物权（所有权）与他物权，如建设用地使用权、探矿权、采矿权、承包权、租赁权、经营权、开发权等产权形式，应一起得到同等保护，实现财产权的公平，稳定预期，提升社会诚信水平。

四、以所有权结构化、社会化推进要素市场化

供给侧结构性改革的核心问题，就是要素市场化改革。如何通过所有权结构化、社会化推进要素市场化，其实就是产权制度问题。由于中国的产权制度还不完善，公有制条件下的要素占有权、支配权等不够清晰，生产要素的市场化配置受到多种束缚，造成要素收益流失、交易成本偏高、资源错配、生态环境“公地悲剧”、相关领域体制改革推进艰难等问题，严重妨碍了国家治理能力与治理体系的现代化，应当创新在公有制条件下的产权理论，推进产权改革的实践。

（一）“产权”等基础性问题应成为供给侧结构性改革的一个总纲

第一，“所有权清晰、产权不清晰”是当前中国社会主义市场经济体制有待解决的基础性问题。产权混同于所有权、财产权与行政权不分是“产权不清晰”的根源所在。一谈到产权改革，有人就认为是私有化，这是一种非常错误的理解。在市场经济条件下，无论公有制还是私有制，如果要实现生产要素的市场化配置，离不开产权这个权利载体。不能简单地把产权和所有权画等号，产权源自所有权，但又超越了所有权。公有制和私有制是传统的生产关系描述，产权更多的是生产要素配置层面，根植于生产力的直接要求。

第二，进行供给侧结构性改革，“产权”等基础性问题应该成为关键领域改革的一个总纲。产权改革涉及国企，也涉及中央与地方的改革。比如属于国家所有的矿山、土地等公共资源，很多时候都是地方在决策，以至于形成一种观念，“在谁的地盘上，就归谁所有”。其实背后就是一个产权制度的问题，国有的矿山、土地等公共资源，虽然所有权上是国有的，但具体的占有权、使用权、收益权等所有权权能，并未有明确的法律规范，无明确授权。除了经营性国有资产，其他多延续了计划经济时期的“国家所有、分级管理”的模式，但“分级管理”实际演变成“分级所有”，很多区域之间的利益矛盾和国家凝聚力向心力的风险也由此引发。在我国公有制条件下，亟待重视与加强产权理论和产权制度方面的创新，这事关我国基本经济制度的完善与稳固，事关国家长治久安和稳定统一。

（二）产权构建过程就是民事立契过程、要素市场化配置过程

第一，市场发挥决定性作用，需要明确市场主体对要素的支配地位，在这方面还有大量工作要做。

第二，产权制度构建就是所有权分解后的权能作为要素在市场主体间的配置。

第三，产权制度构建需要理顺三大核心关系：首先，通过明确中央与地方政府间产权，理顺纵向产权关系；其次，通过区分财产权与行政权，理顺横向产权关系；最后，通过明确要素产权的公共属性与私人属性，理顺公私产权关系。

（三）以中央对地方确权为主线，构建财产权与行政权分开运行的制度框架

第一，产权制度改革应以中央对地方确权为主线。首先，明确中央与地方政府对各类公共资源的财产权。其次，产权归中央的公共资源由中央行使财产权。最后，产权归地方的公共资源由地方行使财产权。

第二，在确权的基础上让财产权与行政权分开运行。

第三，在财产权与行政权分开运行的基础上形成要素市场化配置的产权制度。

“以变求稳”推进中国经济高质量发展

黄群慧[1]

当今世界正经历前所未有的大变局，中国快速发展过程中面临的发展环境日益复杂和严峻。2018 年中国坚持稳中求进工作总基调，稳妥应对中美贸易摩擦，确立了稳就业、稳金融、稳外贸、稳外资、稳投资、稳预期的经济工作目标，经济发展实现了在高基数上总体平稳、稳中有进。2019 年中国经济面临的环境更加不确定，风险和挑战因素日益凸显，经济下行压力不断增加，“六稳”工作任务更加突出。在这种背景下，应该以习近平新时代中国特色社会主义思想为指导，审时度势，分析国内外经济形势，坚持稳中求进工作总基调，通过“以变求稳”来推进中国经济的高质量发展。这意味着“六稳”不能回到以刺激为主的传统政策思路上，而应该通过深化改革开放保证经济稳定发展。

一、以营商环境完善之“变”求企业发展预期之“稳”

面对世界经济增长乏力、贸易保护主义抬头、中美贸易摩擦以及

① 黄群慧，中国社会科学院经济研究所所长。

国内经济转型等不确定性影响，企业家对未来经济发展预期不稳、信心不足，这成为影响企业投资和经济增长的关键制约。“六稳”的关键在于“稳预期”。通过对企业直接感受的具体营商环境的不断完善，直接降低企业经营成本、提升企业应对不确定性环境的能力，进而极大增加我国经济活力。营商环境可以认为是一个经济体内的企业在开办企业、金融信贷、保护投资者、纳税等覆盖企业整个生命周期的各个重要领域所需花费的时间和成本总和。营商环境的改善对吸引投资、提振企业家信心、促进企业再生产具有重要意义。

世界银行发布的《2019 全球营商环境报告》对全球 190 个经济体商业监管环境的效率和质量进行评估排名，报告显示中国营商环境排位由 78 名大幅度上升到 46 名，被评为改进最显著的十个经济体之一，特别是在“获得电力”和“办理施工许可”这两项指标上得到大幅度改善[①]。围绕优化改善营商环境，2019 年《政府工作报告》提出了以简审批优服务便利投资兴业、实施更大规模的减税、明显降低企业社保缴费负担，以及各类资源使用的涉企收费、着力缓解企业融资难融资贵问题，将制造业等行业现行 16% 的增值税税率降至 13%，城镇职工基本养老保险单位缴费比例可降至 16%，这些在简政、减税、降费、融资便利等方面的实实在在的政策措施，直击当前企业经营中痛点和难点，极大推进了我国营商环境进一步改善。世界经济论坛（2019）发布的一份研究表明，降低税率对于我国企业创新活动具有重要的激

① 马晓白、龙海波，《聚焦营商环境便利度关键指标，不断改善我国营商环境——上海市优化营商环境的主要经验与启示》，《调查研究报告》，2019 年第 12 号，http://www.drc.gov.cn/n/20190125/1-224-2897778.htm，2019-01-25。

励作用，每将实际税率降低一个百分点，企业专利申请的平均数量提高 5.7%，发明专利申请将提高 4.4%，实用专利申请提高 4.7%，熟练劳动力比例提高 14%。[①]

但是，必须认识到，我国营商环境还需要更加法制化、国际化、便利化和透明化，我国在改善政府服务效率、提高融资效率、提升城市公共服务水平、改善税收等许多方面仍然还有很大的上升空间。在 2018 年，中国企业家调查系统对 2003 年到 2017 年的营商环境进行了调查，调查结果表明，虽然在过去 15 年中企业营商环境有很大改善，营商环境指数（总分 100）从 40 提升到 60 左右，但是营商环境指数总体还比较低，只是达到了刚刚及格水平，而且自 2011 年以来，营商环境指数得分呈现波动，不再是直线上升。[②] 因此，为了“稳预期”、促进经济平稳运行和企业持续创新发展，政府进一步深化“放管服”，提高政府服务效率，优化企业融资环境，完善公共服务设施，促进创新环境改善，将具有重要的意义。

二、以加速创新创业之“变”求产业结构持续优化之“稳”

我国正处于工业化后期产业结构转型升级的关键爬坡阶段，产业结构正沿着智能化、绿色化、服务化和高端化的方向持续优化升级。

---

① World Economic Forum, The Impact of Corporate Taxes on Innovation: Evidence from Tax Reform in China, https://www.weforum.org/agenda/2018/12/ the-impact-of-corporate-taxes-on-innovation-evidence-from-tax-reform-in-hina/.

② 中国企业家调查系统课题组，《改革开放 40 年：中国企业家的成长与贡献——2018 · 中国企业家队伍成长与发展调查综合报告》，《经济界》，2018 年第 6 期，第 90—96 页。

以工业为例，近些年，高技术制造业和装备制造业增速都高于工业的平均增长。2017 年，高技术制造业、装备制造业增加值分别比上年增长 13.4%、11.3%，增速快于规模以上工业 6.8 和 4.7 个百分点，占规模以上工业增加值比重分别为 12.7% 和 32.7%。与 2012 年相比，高技术制造业、装备制造业比重分别上升了 3.3 和 4.5 个百分点。2018 年，高技术制造业投资增长 16.1%，增速比全部制造业投资高 6.6 个百分点。2018 年，规模以上工业战略性新兴产业增加值比 2017 年增长 8.9%，规模以上工业高技术产业增加值比上年增长 11.7%，分别高于整个规模以上工业 2.7 个和 5.5 个百分点。另外，在新工业革命背景下，基于移动互联、物联网、云计算的数字经济新业态、新模式蓬勃发展，极大地提升了传统产业、促进了经济发展新旧动能转换，新动能成为保持经济平稳增长的重要动力。2017 年由新技术、新产业、新模式、新业态等构成的经济新动能对经济增长的贡献度超过三分之一，对新增就业的贡献度超过三分之二。网上零售额年均增长 30% 以上，信息消费、绿色消费等新兴消费快速增长。

但是，总体而言我国产业结构问题还十分突出。具体而言，我国产业结构存在的问题主要表现为三个层面的失衡。第一，总体上存在实体经济和虚拟经济发展的失衡。近些年以金融、房地产为核心的虚拟经济过度膨胀，资金、人才等资源向虚拟经济过度配置，虚拟经济在国民经济占比增速提高过快，金融业占比甚至已经高于美国金融危机的该项比例，总体上经济呈现“脱实向虚”趋势。第二，工业和服务业发展存在失衡。在服务业效率远低于工业效率的前提下，服务业占比在近些年过快提升，平均每年占比提升超过 1 个百分点，很快超越了工业占比，到2018年达到了52.2%。服务业占比提升并不一定意味着产业结构升级，实际上由于服务业效率低于工业，服务业占比过快提升反而使整个经济效率下降，出现了产业结构的“逆库兹涅兹化”问题[①]，或者说是产业结构在数量上体现为“转型”但在效率上并未“升级”。第三，三次产业内部结构的失衡。对于三次产业而言，技术密集型产业和新经济比重还不够高，采掘业、重化工产业占比还相对较高，制造业总体供给质量还不够高，制造业高端化、智能化、服务化、绿色化水平还有待推进，服务业中生产性服务业的占比、质量和效率还有待提高，供给侧结构性改革还亟待进一步深化。

促进我国产业结构持续优化是我国跨越中等收入陷阱、步入高收入国家的关键，必须不断深化产业结构持续优化的趋势。这要求坚持创新引领发展，改革创新科技研发和产业化应用机制，提升科技支撑能力，加速创新创业，一方面推动传统产业改造提升，另一方面促进新兴产业加快发展，促进新旧动能接续转换。围绕推动制造业高质量发展和加快建设制造强国，培育新一代信息技术、高端装备、生物医药、新能源汽车、新材料等新兴产业集群，壮大绿色环保产业，加大基础研究和应用基础研究支持力度，进一步把大众创业万众创新引向深入，对各个方面都提出了具体的要求和政策导向。从实体经济健康发展的政策思路看，也应该把握三个方面导向：首先，提高制造业供给体系质量，围绕提高制造业供给体系质量深化供给侧结构性改革，化解制造业供需结构失衡；其次，形成工业和服务业良性互动、融合共生的

① 蔡昉，《防止产业结构的“逆库兹涅兹化”》，《财经界》，2015年第2期，第26—29页。

关系，化解产业结构失衡，构建创新驱动、效率导向的现代产业体系；最后，在“虚实分离”的常态中坚持“实体经济决定论”，从体制机制上化解“虚实结构失衡”，将风险防范的工作重点从关注金融领域风险转向关注长期系统性经济风险。①

三、以经济体制机制改革之“变”求经济高质发展动力之“稳”

深化市场化改革、向改革开放要经济增长动力是我国改革开放40年取得的最重要的经验，也是高质量增长、提高全要素生产率的内在要求。在国际环境风险和挑战凸显、经济下行压力增大的情况下，进一步深化改革开放无疑是2019年稳增长的必然要求。这要在两方面着力，一方面是进一步完善市场机制建设，促进市场公平竞争。以公正监管促进市场公平竞争，改革完善公平竞争审查和公正监管制度，加快清理妨碍统一市场和公平竞争的各种规定和做法。按照竞争中性原则，在要素获取、准入许可、经营运行、政府采购和招投标等方面，对各类所有制企业平等对待。另一方面是培育多元有竞争力市场主体，规范市场主体行为。坚持“两个毫不动摇”，既要加快国资国企改革推进混合所有制改革，提高国有企业市场竞争力，又要优化民营经济发展环境，鼓励、支持、引导非公有制经济发展。

当前，深化国资国企改革仍然在我国经济体制机制改革中具有中

① 黄群慧，《论新时期中国实体经济的发展》，《中国工业经济》，2017年第9期，第5—24页。

心地位，必须从经济体制改革的系统全局视角来认识和推进国资国企改革，不能仅仅停留在把国资国企改革的目标定位为把国资做大做强做优，还必须考虑到深化国资国企改革对创造公平的市场竞争环境的重要意义。2017年以来，全国国有及国有控股企业利润总额同比都保持了较高的增长，但在注意到国企发展取得可喜的成绩同时，必须认识到国有企业业绩增长的主因是上游产品价格因素，而且这利润大幅增长背后也蕴藏着值得担忧的问题。一方面，从中长期看国有企业资产总体创收创益能力是下降的，国有企业总体经营效率低下的弊病一直未能得到有效改观，国有企业利润增速并不可持续。另一方面，由于国企处于产业链上端，近年来，上游国有大企业利润快速增长，很可能是以挤压为数众多的下游中小企业的生存空间及牺牲后者的利润为代价的。近年收缩态势最明显的是外资企业。从企业数量上看，我国的外资工业企业数量，在2012年达到峰值57 724家后，持续保持逐年下降的态势，到2018年已经减少了1万家，外资企业的亏损面已提高到了25%。另外，民营企业数量增长明显放缓，民营工业企业的亏损面已提高到15%。因此，从我国经济发展全局看，深化国资国企改革的目标绝不能够忽视创造公平竞争环境、促进整个经济高质量发展的要求。

具体到国资国企改革本身，因为这是一项复杂的系统工程，在实质推进过程中一定要注意各项改革任务和政策措施的协同性。无论是国有企业功能定位和国有经济战略性重组，还是推进混合所有制改革和建立以管资本为主的国有资本管理体制，以及进一步完善现代企业制度，这些改革任务都不是割裂的，在具体推进过程中需要注意其协同性。例如，构建以管资本为主的管理体制，就要注意与国有经济战略性重组、深化垄断行业国有企业改革相协调。以管资本为主加强国资监管，最为关键的改革任务是改组组建国有资本投资、运营公司。这需要通过行政性重组和依托资本市场的兼并重组相结合的手段，将分散于各个行业、各个企业的国有资产的产权归为这些国有资本投资、运营公司持有，这也是一个国有资本布局战略性调整的过程。因此，改组组建国有资本投资、运营公司是要与国有企业兼并重组协同推进的。企业兼并重组的意义，一方面在于通过股权运作、价值管理、有序进退等方式，促进资本合理流动和实现保值增值。另一方面通过开展投资融资、产业培育和资本整合等方式，推动产业集聚和转型升级，优化资本布局结构，而这正是改组组建国有资本投资、运营公司的目的所在。近些年不断出现一些中央企业重组案例，但没有与改组组建国有资本投资、运营公司相结合，属于单方面推进，将来还会面临再次重组的可能性。不仅如此，在改组组建国有资本运营、投资公司过程中，还需要综合考虑到建立有效市场结构的需要，要注意到改革政策与竞争政策的协同。国有企业在特定行业内的企业数量既不是越少越好，也不是越多越好，否则不是造成垄断就是造成国有企业过度竞争。国有企业兼并重组和国有资本布局调整要有利于形成兼有规模经济和竞争效率的市场结构，有利于化解当前经济运行的突出矛盾——产能过剩问题，这意味着国企兼并重组要与供给侧结构性改革相协同。因此，推进国有企业改革的整体协同原则，要求在推出“1+ X”系列国有企业改革政策体系同时，在“十四五”时期根据经济高质量发展的要求对国有经济布局有一个整体规划，以利于指导国有企业改革的整体协同推进。

四、以区域格局优化之“变”求投资需求增长之“稳”

经济改革开放以来各个区域“竞争”发展，促进了中国的经济高速增长，但形成了东部、中部、西部发展不平衡的格局，虽然中央通过区域协调发展战略不断努力推进区域协调发展，但东部、中部、西部发展差异以及相对于东部地区，中西部地区发展的不充分问题依然突出。实际上，东部、中部、西部各个地区之间的发展水平差异程度，已经大到工业化阶段的差异，东部地区总体已经处于工业化后期，而西部地区只处于工业化中期。[①] 这种差距虽然因为国家推进区域协调发展战略近些年有差距缩小的趋势，但是这个趋势并不是很明显。2018 年在整体经济面临下行的压力下西部地区经济增长表现不佳。西部地区工业产品产量及占全国比重均出现下降，西部地区企业效益总体状况不容乐观，在创新方面更是与东部地区差距进一步扩大。2018 年东部地区 GDP 增速下降 0.4 个百分点，中部地区下降 0.2 个百分点，而西部地区下降 0.6 个百分点。[②] 在当前中美贸易摩擦背景下，原来设想通过推进西部地区承接东北地区的产业转移形成国内版“雁阵理论”，[③] 又面临着极大挑战，更多的产业开始越过西部而迁移到越南等东南亚国家。

在认识到中国区域发展不平衡不充分是一个问题的同时，也需认

① 黄群慧、李芳芳等，《中国工业化进程报告（1995—2015）》，社会科学文献出版社，2017 年，第 48 页。

② 贾坤，《2018 年区域经济增长的速度、结构与质量特征》，《调查研究报告》，2019 年第 17 号，2019 年 2 月 21 日。http://www.drc.gov.cn/n/20190221/1-224-2897988.htm，2019-02-21.

③ 蔡昉、王德文、曲玥，《中国产业升级的大国雁阵模型分析》，《经济研究》，2009 年第 9 期，第 4—14 页。

识到这恰恰又是中国经济发展具有很大韧性和潜力的一个重要原因。在当前面临中美贸易摩擦、中国经济下行压力增大的背景下，通过进一步推进实施国家区域发展战略、统筹城乡区域发展、形成良性互动区域发展格局，不仅仅是促进区域经济高质量发展的必然要求，也对于经济“六稳”具有重要意义。针对东北全面振兴、中部地区崛起、京津冀协同发展和高标准建设雄安新区、粤港澳大湾区建设、长江经济带发展、长三角区域一体化等重大国家区域发展战略，可以加快实施一批重点项目，这样既合理扩大了有效投资，稳定了总需求，同时又有利于区域经济的高质量发展。当前，我国的中部地区经济发展韧性较大，可以顺势而为积极推进中部地区的发展，但我国西部地区经济下行的压力巨大，尤其是东南亚国家对我国西部的“投资区域”替代性较大，有必要对西部地区的开放战略进行重要倾斜，以“一带一路”为抓手，吸引各类企业、特别是外资企业投资于西部地区，国家有必要制定“一带一路”西部地区的行动计划，给西部地区更多的政策倾斜，让西部地区在“一带一路”中有更多、更大的发展机会。从全国意义上，这既稳定了增长，又进一步促进了区域的协调发展。

迎接中国经济增长新高峰

王建①

近来在有关防风险和稳增长的讨论中，已经有越来越多的学者注意到，和国际经验比较，中国的经济、投资和消费增速的下降速度偏离得非常明显，因此有学者认为应该对这个现象进行更深度的研究，否则很难保证防风险和稳增长的宏观政策有效实施。而我认为，要解决经济持续下行的问题，摆在首位的反而不是政策，而是认识问题。

从宏观层面看，宏观政策是最底下的一层，上面还有制度安排，而最高层面的是认识问题。中国的改革开放，就是从突破“姓社姓资”的认识开始，然后才是市场经济的体制突破，才有了各种宏观政策取向的转变。今天中国经济增速之所以会持续下行，还是和两个认识走入了误区相关。如果这两个认识误区不打破，不管宏观政策怎么调整，经济增速持续下行还是无法摆脱。

第一个认识误区是认为中国经济已经进入了降速阶段，理由是工业化已经基本上完成，应该进入到后工业化时代的服务业主导阶段。

---

① 王建，中国经济 50 人论坛成员，中国宏观经济学会副会长。

由于有了这样的认识，对中国经济增长从高速阶段下来的变化，就有了足够的心理准备。但现在的问题是，经济增速一降再降，不断突破人们认为是正常的降速区间，这个时候才开始对降速的正常性产生了怀疑。2018 年下半年以来，中央相继提出了“六稳”“七防”，我认为就是这种从“正常降速”到“不正常降速”认识的转变。

那么为什么“中国已经完成了工业化”的认识不对呢？因为中国的特殊国情是，中国是一个“二元结构”国家。对市场经济国家而言，一元结构是主流，古典市场经济是金字塔型结构，即越向下穷人越多，越向上富人越多。“二战”后改良了的市场经济是橄榄型结构，即中产阶级占主体。但二元结构是工字型结构，即上面有个较小的富裕群体，中间收入群体很小，再下面是一个庞大的低收入群体。

在中国目前的 8 亿城市常住人口中，高收入与中高收入群体占 40%，平均年收入是 6 万多元，中国的居民人均收入大约是人均 GDP 的 90%，折算成美元，这部分高收入人口的人均 GDP 就是 2.5 万美元左右。中国农村居民中的最高收入只相当于城市居民的中等水平，但考虑到一部分高收入农村居民的收入已经达到城市中高收入以上水平，如果按高收入农村居民占农村居民的 5% 计算，则中国目前全体居民中，有大约近 3.5 亿人的人均 GDP 在 2.5 万美元以上。按一样的算法，中国目前其余的 10.5 亿人口的人均 GDP 就是 4 000 美元。

10.5 亿低收入群体是中国的人口主体，处在这个收入水平上的群体，其消费力还处在满足了吃穿的小康水平阶段，而 3.5 亿中高收入群体才有能力买车买房，消费水平才进入了现代化的富裕阶段。进入 21 世纪以来，中国经济开始起飞，这得益于两大需求引擎的拉动：一个是新全球化所产生的外需，另一个就是3.5亿中高收入群体对房、车的需求产生的内需。以2012年中国汽车保有量增速下降和2015年中国房屋竣工面积增速下降为标志，中国先富人群的住房、汽车置业陆续完成，到2018年终于进入住房、汽车相继负增长阶段，相应带动围绕住房与汽车消费的一系列相关产业，如家电、家具等产业都进入了增长低谷。

但是，中国的人口主体还没有实现从“小康”向“富裕”阶段的跨越，因此由“二元结构”所决定，中国的工业化高峰也是两个，而不是一个。新千年以来出现的经济“起飞”是第一个高峰，第二个高峰将是由10.5亿低收入群体引起的更大、持续时间更长的经济增长高峰。

我们可以从三方面的数据来看这个新高峰的模样：第一，2018年中国千人汽车保有量是170辆，而发达国家是600~800辆，何以中国在170辆的水平上汽车需求就发生了停滞？很巧的是，日本在1970年也是170辆，而日本基本是在1975年完成工业化，之后则汽车保有率出现猛升，直到20世纪90年代上升到650辆。中国在170辆的水平就出现了负增长，就是因为3.5亿先富人群的房与车需求已经达到了“天花板”，但后期10.5亿人的需求将更庞大，会给房、车需求乃至整体经济增长提供更巨大的空间。第二，如果把目前10.5亿人的消费水平提升到3.5亿人的水平，中国的社会消费品零售额将从2018年的40万亿元增加到120万亿元，是今天的3倍。第三，按照工业化先行国的历史经验，当进入到居民消费从吃穿向住行阶段跨越的时候，首先是大幅度提升能源、钢铁等基础产业的供给能力，随后就会进入到以住房、汽车需求所引领的机械、电子和化工等重加工业发展阶段。而中国近十年来之所以会把“去产能”的重点放在钢铁和煤炭上，其实正是工业化开始进入到重加工业的标志，这个标志的产生，不是3.5亿中高收入群体的后工业化阶段所标志出来的，而是10.5亿低收入群体的工业化中期阶段所标志出来的。

第二个认识误区，就是所谓“基数大、增速慢”的规律。中国经济自改革开放以来已经经历了30多年的高速增长，目前GDP总值已经超过13万亿美元，居世界第二，所以官产学三界人士似乎已经共同认同了“速度应该下降了”这个判断。从工业先行国的历史经验看，的确在完成工业化后速度都开始下降，但那是对“一元结构”国家而言，是“一元结构”国家的经济规律，对中国这样的“二元结构”国家是不适用的。从世界范围看，世界经济也是二元结构，有美国、日本和欧盟等发达国家和地区，也有中国这样的发展中国家。如果因为发达国家的经济基数大了，全世界的经济增速也都高不起来，就不会有中国经济起飞的奇迹。缩小到中国内部，因为已经有过了一个经济增长高峰，或者因为3.5亿人的生活走入了现代化阶段，所以认为后面的10.5亿人就永远不会买房买车，就不会引起另一个经济增长高峰，同样也是错误认识。只有破除“基数大、增速慢”的梦魇，才能使中国经济走出低谷，进入第二个经济增长高峰期。

实际上，我们已经离第二个经济增长高峰期不远了。按新千年至今9%的经济增长速度计算，3.5亿人在新千年之初的人均收入水平是5 000美元，在此基础上出现了对住房和汽车长达10年的爆发性增长。而今天10.5亿低收入人口的人均GDP也已经达到4 000美元，离

5 000 美元并不很遥远，还是按 9% 计算，到“十四五”中后期，第二个经济增长高峰期就会到来。

从“一元结构”的经济规律和 3.5 亿人的工业化阶段出发，来看待中国经济增长问题，就必然会走入认识误区。如果认识不转变，仍然认为经济减速正常，认为出现经济低谷是由于降速阶段与经济周期叠加，因此所有政策都在围绕反周期打转，中国经济增长新高峰的到来就会遥遥无期。

最后，由于中国低收入群体的主体是农民，所以城市化是打破“二元结构”和走出经济低谷的根本举措。

附录 1

中国经济 50 人论坛成员名录

（第四届）

论坛学术委员会荣誉成员：

吴敬琏、刘鹤

论坛学术委员会成员：

白重恩、蔡昉、樊纲、江小涓、隆国强、杨伟民、易纲

论坛成员（以姓名拼音字母为序）：

白重恩	清华大学经济管理学院院长、教授
蔡　昉	十三届全国人大常委、农业与农村委员会副主任委员； 中国社会科学院副院长、学部委员、研究员
曹远征	中银国际研究有限公司董事长，教授、研究员
陈东琪	中国宏观经济研究院首席专家、研究员
陈锡文	十三届全国人大常委、农业与农村委员会主任委员，教授
樊　纲	中国经济体制改革研究会副会长；国民经济研究所所长； 中国（深圳）综合开发研究院院长，教授、研究员

方星海　中国证券监督管理委员会副主席
郭树清　中国人民银行党委书记、副行长；
中国银行保险监督管理委员会党委书记、主席，研究员
韩　俊　中央农村工作领导小组办公室副主任；
农业农村部党组副书记、副部长，研究员
韩文秀　中央财经委员会办公室副主任
黄益平　北京大学国家发展研究院副院长、教授
江小涓　十三届全国人大常委、社会建设委员会副主任委员；
清华大学公共管理学院院长，教授、研究员
李　波　中华全国归国华侨联合会副主席，研究员
李剑阁　孙冶方经济科学基金会理事长；
广东以色列理工学院校长，研究员
李　扬　国家金融与发展实验室理事长；
中国社会科学院学部委员、研究员
廖　岷　中央财经委员会办公室副主任；财政部副部长
林毅夫　十三届全国政协常委、经济委员会副主任；
北京大学国家发展研究院名誉院长、教授
刘尚希　中国财政科学研究院院长、研究员
刘世锦　十三届全国政协经济委员会副主任；
中国发展研究基金会副理事长，研究员
刘　伟　中国人民大学校长、教授
刘元春　中国人民大学副校长、教授
隆国强　国务院发展研究中心副主任、研究员

楼继伟	十三届全国政协常委、外事委员会主任，研究员
陆　磊	国家外汇管理局副局长，研究员
马建堂	国务院发展研究中心党组书记、研究员
钱颖一	清华大学经济管理学院教授、清华大学文科资深教授
宋晓梧	北京师范大学中国收入分配研究院院长，研究员
汤　敏	国务院参事；友成企业家扶贫基金会副理事长
汪同三	中国社会科学院学部委员、研究员
王　建	中国宏观经济学会副会长、研究员
王一鸣	国务院发展研究中心副主任、研究员
魏　杰	清华大学文化经济研究院院长、教授
吴晓灵	清华大学五道口金融学院理事长，研究员
夏　斌	国务院参事；当代经济学基金会理事长，研究员
肖　捷	国务委员兼国务院秘书长
谢伏瞻	中国社会科学院院长、党组书记、学部委员、研究员
许善达	国家税务总局原副局长，高级经济师
徐　忠	中国银行间市场交易商协会副秘书长，研究员
杨伟民	十三届全国政协常委、经济委员会副主任，教授
姚　洋	北京大学国家发展研究院院长、教授
易　纲	中国人民银行行长，教授
余　斌	国务院发展研究中心党组成员、办公厅主任、研究员
余永定	中国社会科学院学部委员、研究员
张维迎	北京大学国家发展研究院教授
张晓晶	中国社会科学院经济研究所副所长、研究员

张晓朴	中央财经委员会办公室经济一局巡视员，研究员
周其仁	北京大学国家发展研究院教授
周小川	博鳌亚洲论坛副理事长，教授、研究员

附录2

中国经济50人论坛企业家理事会成员名录

召 集 人 段永基 柳传志

秘 书 长 林荣强

副秘书长 王小兰

监 事 会 段永基 林荣强

理事会成员（以姓名拼音字母为序）：

毕明建 中国国际金融股份有限公司总裁

曹德云 中国保险资产管理业协会执行副会长兼秘书长

陈东升 泰康保险集团股份有限公司董事长兼首席执行官

邓召明 鹏华基金管理有限公司总裁

丁建勇 上海东昌企业集团有限公司董事长

段国圣 中国保险资产管理业协会会长；
泰康资产管理有限责任公司首席执行官

段永基 四通集团公司董事长

桂松蕾 中新融创资本管理有限公司董事长

郭翠萍　中元宝通（北京）商业发展有限公司董事长
李雨浓　新联合投资控股有限公司董事局主席
林荣强　信远控股集团有限公司董事长
柳传志　联想控股股份有限公司董事长
柳　甄　字节跳动高级副总裁
刘光超　北京市道可特律师事务所主任
刘晓艳　易方达基金管理有限公司总裁
刘志硕　中关村并购母基金合伙人；大河创投创始合伙人
卢志强　中国泛海控股集团有限公司董事长兼总裁
茅　矛　云月投资管理有限公司合伙人
莫　斌　碧桂园控股有限公司总裁及执行董事
潘　刚　内蒙古伊利实业集团股份有限公司董事长兼总裁
潘仲光　上海潘氏投资有限公司董事长
平　凡　上海朗盛投资有限公司董事长兼首席执行官
田熠菲　新理益集团有限公司总裁
王金生　北京天正中广投资控股集团有限公司董事长
王小兰　时代集团公司总裁
杨宇东　第一财经总编辑
郁　亮　万科企业股份有限公司总裁
张　毅　金杜律师事务所中国管理委员会主席
张志洲　敦和资产管理有限公司首席执行官
赵　民　北京正略钧策管理顾问有限公司董事长
赵伟国　紫光集团有限公司董事长
周远志　新意资本基金管理（深圳）有限公司总裁
朱德贞　厦门德屹股权投资管理有限公司董事长